CONCESSÃO:

Prazo e Equilíbrio Ecônomico-Financeiro

Laís Ribeiro de Senna

CONCESSÃO:

Prazo e Equilíbrio Ecônomico-Financeiro

1.ª edição

EDITORA SINGULAR

São Paulo

2019

Dados Internacionais de Catalogação na Publicação (CIP)
Agência Brasileira do ISBN – Bibliotecária Priscila Pena Machado CRB-7/6971

S478 Senna, Laís Ribeiro de.
Concessão : prazo e equilíbrio econômico-financeiro /
Laís Ribeiro de Senna. – 1. ed. – São Paulo: Singular, 2019.

156 p. ; 23 cm.

Inclui bibliografia.

ISBN: 978-85-53066-19-3

1. Contratos administrativos – Brasil. 2. Concessões administrativas – Brasil. 3. Prestação de serviços – Legislação – Brasil. I. Título

CDD 342.8106

Coordenação editorial	*José Carlos Busto*
Diagramação	*Marcos Jundurian*
Capa	*José Barki*
Formato	*16 x 23 cm*
Tipologia	*Times New Roman*
Papel	*Off-set 75g/m²*
Número de páginas	*156*

Tel./Fax: (11) 3862-1242
www.editorasingular.com.br
singular@editorasingular.com.br

Prefácio

Este estudo pretende analisar a alteração de prazo dos contratos de concessão de serviço público como forma de recomposição do equilíbrio econômico-financeiro, garantido às partes pela Constituição Federal de 1988. Para fins didáticos, estipulamos a nomenclatura extensão de prazo para esse tipo de alteração.

Pretende também alertar para situações em que a ausência de detalhamento da legislação deixa, à Administração Pública, aos órgãos reguladores e até mesmo à empresa particular concessionária de serviços públicos, margens muito extensas de interpretação, o que pode acarretar em perda da segurança jurídica dos contratos de concessão de serviços públicos.

No Brasil, a extensão de prazo vem sendo amplamente aplicada, ainda que não expressa na Constituição e na legislação federal. Além disso, os atos normativos e contratuais que a ela dizem respeito denominam de prorrogação toda e qualquer alteração de prazo contratual, independentemente de sua natureza.

Isso pode fazer com que a interpretação e aplicação do instituto da extensão de prazo envolvam condições, limites e consequências inerentes à prorrogação por interesse público, da Administração Pública, instituto de natureza distinta e que, por isso, não deve ser assemelhado de forma indiscriminada àquele.

Além disso, a ausência de legislação coloca certas dúvidas sobre a aplicação da extensão de prazo, como, por exemplo, se há a necessidade de previsão no instrumento contratual, se é possível aplicação conjunta com a prorrogação por interesse da Administração, quais devem ser os limites na aplicação desse instituto, entre outras. Questiona-se, principalmente, a constitucionalidade da extensão contratual em face do princípio licitatório prestigiado na Constituição Federal como única forma de instrumentalizar as concessões de serviço público.

O escopo do trabalho é analisar não apenas a constitucionalidade da extensão de prazo, mas suas peculiaridades, condições de interpretação e aplicação, apontando os problemas que devem ser enfrentados pela doutrina.

Sumário

Introdução 11

CAPÍTULO I

O equilíbrio econômico-financeiro dos contratos de concessão e sua recomposição 23

1.1. Equilíbrio econômico-financeiro: conceito e fundamentos 23

1.2. A mutabilidade dos contratos de concessão de serviço público e sua relação com o equilíbrio econômico-financeiro 26

1.2.1. As alterações que podem provocar desequilíbrio econômico-financeiro contratual 28

1.2.1.1. Álea ordinária 28

1.2.1.2. Álea administrativa 30

1.2.1.3. Álea econômica 33

1.3. Instrumentos de verificação do equilíbrio econômico-financeiro. 35

1.3.1. Revisão tarifária 36

1.3.2. Indenização do Poder Concedente 40

1.3.3. Alteração nas obrigações da concessionária 41

1.3.4. Redução da contraprestação paga à Administração 43

1.3.5. A possibilidade de alteração na contraprestação pública, no caso das Parcerias Público-Privadas 44

1.3.6. Indenização a cargo da futura concessionária 45

1.3.7. Alteração de prazo do contrato de concessão 45

1.4. A escolha da forma de recomposição do equilíbrio econômico-financeiro dos contratos de concessão 46

1.5. Conclusões parciais 48

Capítulo II

A prorrogação de prazo nos contratos de concessão de serviço público 49

2.1. A prorrogação de prazo contratual em sentido estrito, ou prorrogação por conveniência 49

2.1.1. A necessidade de previsão contratual 56

2.1.2. A discricionariedade na determinação da prorrogação prevista contratualmente 60

2.1.3. Limites à prorrogação contratual 63

2.1.4. Prorrogação em sentido estrito em contratos desequilibrados 66

2.2. A Lei n. 13.448/2017 e as novas formas de prorrogação 69

2.2.1. A prorrogação contratual 70

2.2.2. A prorrogação antecipada 71

2.2.3. O artigo 22 da Medida Provisória n. 752/2016 e seu veto. 74

2.3. Conclusões parciais 75

Capítulo III

A alteração de prazo dos contratos de concessão como forma de recomposição do equilíbrio econômico-financeiro 77

3.1. Incidência da extensão de prazo como forma de recomposição do equilíbrio econômico-financeiro no Direito brasileiro 78

3.2. A natureza jurídica da extensão de prazo contratual como forma de recomposição do equilíbrio econômico-financeiro 83

3.3. Principais entraves à aplicação da extensão de prazo como forma de recomposição do equilíbrio econômico-financeiro dos contratos de concessão 84

3.3.1. O princípio da licitação e a extensão de prazo nos contratos de concessão 86

3.4. Adequação da extensão de prazo como forma de recomposição do equilíbrio econômico-financeiro dos contratos de concessão ao regime jurídico brasileiro 89

3.4.1. A preservação do princípio da modicidade tarifária e a extensão de prazo nos contratos de concessão 92

3.5. Necessidade de previsão em contrato ou instrumento convocatório 94
3.6. Momento de concretização da extensão de prazo na recomposição do equilíbrio econômico-financeiro 102
3.7. Relevância da natureza dos eventos causadores de desequilíbrio em sua recomposição e momento da alteração contratual 105
3.8. Autonomia entre institutos de dilação de prazo e possibilidade de aplicação de ambos 108
3.9. Limites normativos e contratuais à prorrogação dos contratos de concessão – sentido amplo ou sentido estrito? 112
3.9.1. A interpretação dos limites à prorrogação e duração dos contratos de concessão, no caso de extensão do contrato para recomposição de equilíbrio econômico-financeiro 120
3.10. O desequilíbrio em favor do Poder Concedente: desequilíbrio reverso 122
3.11. Conclusões parciais 123

Capítulo IV
Aplicação da alteração de prazo contratual 129
4.1. Prorrogação em sentido estrito e a alteração de prazo com finalidade de recomposição do equilíbrio econômico-financeiro: uma comparação final 131
4.2. Condições de validade da aplicação da alteração de prazo como forma de recomposição do equilíbrio econômico financeiro 136
4.2.1. Condições gerais 136
4.2.2. Condições específicas 137
4.2.2.1. Previsão legal e contratual 137
4.2.2.2. Melhor solução 138
4.2.2.3. Limites de incidência 138
4.3. Requisitos de aplicação da alteração de prazo 140
4.3.1. Compensar o desequilíbrio 140
4.3.2. Momento de concretização da recomposição 141
4.3.3. Natureza do evento que provoca o desequilíbrio em face das condições contratuais 142

4.4. Conclusões parciais 142

Conclusão 145

Bibliografia 151

Introdução

Este estudo dedica-se à análise de um aspecto específico dos contratos de concessão: a alteração de prazo com a finalidade de recomposição do equilíbrio econômico-financeiro contratual.

Embora tenham surgido há muitos anos e, no Brasil, ainda na época imperial[1], os contratos de concessão de serviço público desenvolveram-se

---

[1] Em 24 de novembro de 1808, logo da chegada da família imperial ao Brasil, D. João VI editou a Carta Régia que conferiria a Luiz de Souza Menezes, por dez anos, o direito de exploração do minério de ferro em Minas Gerais.

Em 4 de dezembro de 1816, concedeu a Manoel José Esteves a conservação das estradas do interior da capitania de Minas Gerais.

No ano seguinte, a 21 de janeiro, concedia, em regime de exclusividade, a navegação a vapor no porto do Rio de Janeiro.

Em 1828, D. Pedro I concedeu a Antônio da Costa a implantação de iluminação a gás na cidade do Rio de Janeiro.

Em 1852, o Decreto n. 641 determinou condições para concessão de ferrovias e sua regulamentação.

Em junho de 1852, o Decreto n. 987 concretizava contratação do Imperador com Irineu Evangelista de Souza, o barão de Mauá, e concedia-lhe "privilegio exclusivo por 10 annos para a navegação por vapor entre esta Cidade e o ponto da praia do mar do Município da Estrella, em que começar o caminho de ferro, que elle se propõe construir no mesmo Município até a Raiz da Serra".

Em 1869, o Decreto n. 1.746 autorizava o governo imperial a contratar a construção, nos portos brasileiros, de docas e armazéns para carga e descarga, guarda e conservação de mercadorias para importação e exportação.

O Decreto n. 5.071, de agosto de 1872, conferia à Gas Company a concessão dos serviços de iluminação pública na cidade de São Paulo.

O Decreto n. 6.995, de 1878, consolidou a regulamentação das concessões de ferrovias.

A Lei n. 48, de 1880, do município (província) de São Paulo, outorgava a Jules Martin a exploração, por meio de cobrança de pedágio, do Viaduto do Chá.

como contratação pública consolidada principalmente a partir da década de 1990.

Durante a República Velha, o instituto da concessão foi amplamente utilizado como instrumento de viabilização dos objetivos estatais, ainda que em moldes distintos dos atuais, sendo delegados os serviços a concessionários específicos, sem que houvesse procedimento concursal em sua escolha. Esses concursos sobrevieram apenas na década de 1910 e passaram a ser identificados como "concorrência pública".

A chegada de Getúlio Vargas ao poder, em 1930, porém, provocou certa redução no volume contratos de concessão de serviços públicos celebrados. Como bem se sabe, a filosofia de governo da época era baseada na busca pela centralização das atividades econômicas em geral. Ainda assim, as Constituições de 1934 e 1937 conferiam a possibilidade de outorga da prestação dos serviços públicos em concessão.

Já no avançar da República, registrava-se a possibilidade, garantida no texto constitucional, de exploração dos serviços públicos mediante contratos de concessão[2]. Porém, ainda não era frequente a celebração desses contratos.

Em 1934, o Decreto n. 24.447, que definiu as atribuições dos Ministérios perante os Portos Organizados, dispunha sobre a possibilidade de administração portuária por meio de concessão ou arrendamentos[3].

Nas Constituições seguintes, de 1946 e 1967, acrescida a última pela Emenda n. 1 de 1969, a concessão de serviços públicos ainda foi prevista como competência da União na prestação de determinados serviços[4].

MARQUES NETO, Floriano de Azevedo, *Concessões*, Fórum. Belo Horizonte: 2015. p. 35-111; e Coleção de Leis do Império.

2 Desde a Constituição de 1934 a prestação de serviços públicos por meio dos contratos de concessão era admitida. Também na Constituição de 1937 foram admitidos os contratos de concessão para concretização dos serviços públicos, embora, à época, o governo instalado possuísse inegável viés estatizante.

3 Artigo 2º, parágrafo único, do Decreto.

4 Constituição de 1946: Art 5º - "Compete à União: [...] XII - explorar, diretamente ou mediante autorização ou concessão, os serviços de telégrafos, de radiocomunicação, de radiodifusão, de telefones interestaduais e internacionais, de navegação aérea e de vias férreas que liguem portos marítimos a fronteiras nacionais ou transponham os limites de um Estado;"

Constituição de 1967, atualizada com a Emenda n. 1 de 1969: Art 8º - "Compete à União: [...] XV - explorar, diretamente ou mediante autorização ou concessão:

Em 1967, o Decreto-Lei n. 200 incentivava a descentralização na prestação de serviços[5]. Já em 1986, o Decreto n. 2.300 instituiu, finalmente, regulamento sobre licitação e contratos da Administração Pública, entre eles o contrato de concessão[6].

A promulgação da Constituição Federal de 1988 foi seguida de diversas leis do setor (Lei Paulista de Concessões, n. 7.835/1992, Lei de Licitações e Contratos, n. 8.666/1993 e Lei de Concessões, n. 8.987/1995[7]), o que fez a década de 1990 ser marcada pela retomada das concessões de serviços públicos.

No início da década de 1990, o Programa Nacional de Desestatização – PND iniciou um movimento de redução da intervenção do Estado na economia[8]. A partir desse Programa, o Governo pretendia diminuir a

---

a) os serviços de telecomunicações; b) os serviços e instalações de energia elétrica de qualquer origem ou natureza; c) a navegação aérea; d) as vias de transporte entre portos marítimos e fronteiras nacionais ou que transponham os limites de um Estado, ou Território;"

5 Art. 10 - "A execução das atividades da Administração Federal deverá ser amplamente descentralizada. § 1º A descentralização será posta em prática em três planos principais [...] c) da Administração Federal para a órbita privada, mediante contratos ou concessões".

6 Art. 1º - "Este decreto-lei institui o estatuto jurídico das licitações e contratos administrativos pertinentes a obras, serviços, compras, alienações, concessões e locações, no âmbito da Administração Federal centralizada e autárquica".

7 Existem autores, como é o caso de Vera Monteiro, que questionam a abrangência da Lei 8.987/1995, a Lei de Concessões, em razão de a Constituição Federal ter lhe conferido a competência para criação e normas gerais acerca do tema, o que provoca o surgimento da dúvida sobre o que deve ou não ser respeitado nas esferas estaduais e municipais, no caso de criação de leis específicas. Contudo, como não é este o escopo deste trabalho, consideraremos o caráter nacional da Lei, admitindo que suas prescrições devem ser observadas em todas as esferas federativas.

8 Nos termos da Lei n. 8.031, de abril de 1990:

Art. 1º- "É instituído o Programa Nacional de Desestatização, com os seguintes objetivos fundamentais: I - reordenar a posição estratégica do Estado na economia, transferindo à iniciativa privada atividades indevidamente exploradas pelo setor público; II - contribuir para a redução da dívida pública, concorrendo para o saneamento das finanças do setor público; III - permitir a retomada de investimentos nas empresas e atividades que vierem a ser transferidas à iniciativa privada; IV - contribuir para modernização do parque industrial do País, ampliando sua competitividade e reforçando a capacidade empresarial nos diversos setores da economia; V - permitir que a administração pública concentre seus esforços nas

participação da figura do Estado na economia[9]. Ainda que a concessão não fosse o foco do Programa, este a coloca como possibilidade de descentralização da atividade até então estatal[10].

A Constituição Federal de 1988 trata da concessão de serviço público de forma sintética e geral, inclusive estabelecendo temas que devem ser tratados em sede de legislação infraconstitucional.

> Art. 175. Incumbe ao Poder Público, na forma da lei, diretamente ou sob regime de concessão ou permissão, sempre através de licitação, a prestação de serviços públicos.
>
> Parágrafo único. A lei disporá sobre:
>
> I - o regime das empresas concessionárias e permissionárias de serviços públicos, o caráter especial de seu contrato e de sua prorrogação, bem como as condições de caducidade, fiscalização e rescisão da concessão ou permissão;
>
> II - os direitos dos usuários;
>
> III - política tarifária;
>
> IV – a obrigação de manter serviço adequado.

Uma das disposições constitucionais acerca dos contratos de concessão diz respeito ao seu equilíbrio econômico-financeiro. O artigo 37, inciso XXI, prevê:

> XXI - ressalvados os casos especificados na legislação, as obras, serviços, compras e alienações serão contratados mediante processo de licitação pública

---

atividades em que a presença do Estado seja fundamental para a consecução das prioridades nacionais; VI - contribuir para o fortalecimento do mercado de capitais, através do acréscimo da oferta de valores mobiliários e da democratização da propriedade do capital das empresas que integrarem o Programa".

9 TÁCITO, Caio. *Temas de direito público.* 3º vol. Renovar. Rio de Janeiro: 2002. p.285

10 Segundo a mesma lei, que institui o Plano Nacional de Desestatização ("PND"): Art. 7° - "A privatização de empresas que prestam serviços públicos, efetivada mediante uma das modalidades previstas no art. 4°, pressupõe a delegação, pelo Poder Público, da concessão ou permissão do serviço objeto da exploração, observada a legislação específica.

Parágrafo único. Na hipótese prevista neste artigo, fica estipulado o prazo de sessenta dias, contados do ato que determinar a privatização da empresa, para a elaboração, pelo poder concedente, das condições e regulamentos específicos, que deverão ser observados pelo concessionário ou permissionário".

> que assegure igualdade de condições a todos os concorrentes, com cláusulas que estabeleçam obrigações de pagamento, mantidas as condições efetivas da proposta, nos termos da lei, o qual somente permitirá as exigências de qualificação técnica e econômica indispensáveis à garantia do cumprimento das obrigações.

Esse inciso é regulamentado pela Lei de Licitações e Contratos Administrativos, Lei n. 8.666/1993, que reforça, em sede de lei federal, a garantia do equilíbrio econômico-financeiro nos contratos administrativos e de concessão de serviço público. Essa garantia é reiterada ainda em outra oportunidade, em lei específica: a Lei de Concessões, n. 8.987/1995[11].

---

[11] Lei 8.666/1993: Art. 57 – "§ 1º - Os prazos de início de etapas de execução, de conclusão e de entrega admitem prorrogação, mantidas as demais cláusulas do contrato e assegurada a manutenção de seu equilíbrio econômico-financeiro, desde que ocorra algum dos seguintes motivos, devidamente autuados em processo: I - alteração do projeto ou especificações, pela Administração; II - superveniência de fato excepcional ou imprevisível, estranho à vontade das partes, que altere fundamentalmente as condições de execução do contrato; III - interrupção da execução do contrato ou diminuição do ritmo de trabalho por ordem e no interesse da Administração; IV - aumento das quantidades inicialmente previstas no contrato, nos limites permitidos por esta Lei; V - impedimento de execução do contrato por fato ou ato de terceiro reconhecido pela Administração em documento contemporâneo à sua ocorrência; VI - omissão ou atraso de providências a cargo da Administração, inclusive quanto aos pagamentos previstos de que resulte, diretamente, impedimento ou retardamento na execução do contrato, sem prejuízo das sanções legais aplicáveis aos responsáveis".

Art. 58: - "§ 1º As cláusulas econômico-financeiras e monetárias dos contratos administrativos não poderão ser alteradas sem prévia concordância do contratado. § 2º Na hipótese do inciso I deste artigo, as cláusulas econômico-financeiras do contrato deverão ser revistas para que se mantenha o equilíbrio contratual".

Art. 65 – "Os contratos regidos por esta Lei poderão ser alterados, com as devidas justificativas, nos seguintes casos: [...] II – por acordo das partes: [...] d) para restabelecer a relação que as partes pactuaram inicialmente entre os encargos do contratado e a retribuição da administração para a justa remuneração da obra, serviço ou fornecimento, objetivando a manutenção do equilíbrio econômico-financeiro inicial do contrato, na hipótese de sobrevirem fatos imprevisíveis, ou previsíveis porém de consequências incalculáveis, retardadores ou impeditivos da execução do ajustado, ou, ainda, em caso de força maior, caso fortuito ou fato do príncipe, configurando álea econômica extraordinária e extracontratual. § 6º Em havendo alteração unilateral do contrato que aumente os encargos do contratado, a Administração deverá restabelecer, por aditamento, o equilíbrio econômico-financeiro inicial". A lei 8.666/93 só é aplicável às concessões em caráter suplementar.

De Francisco Campos[12], ao final dos anos 50, Caio Tácito[13] e Diógenes Gasparini[14], até Floriano de Azevedo Marques Neto[15], a literatura jurídica é frequente em afirmar a existência do equilíbrio econômico-financeiro dos contratos de concessão de serviço público como garantia da concessionária de serviço público[16].

O direito ao equilíbrio econômico-financeiro coloca-se como garantia das partes à manutenção das condições e obrigações contratuais inicialmente acertadas entre elas, quando, por alguma razão, essa proporção for rompida. Sempre que isso vier a ocorrer, resta-nos investigar as formas pelas quais o equilíbrio poderá ser restabelecido. Dentre as possibilidades de recomposição, está a alteração de prazo dos contratos.

Isto é, o Poder Concedente confere à concessionária, cujo contrato se encontra em "desequilíbrio", uma ampliação do prazo inicialmente estabelecido, garantindo maior tempo de exploração do serviço. Consequentemente, aumenta-se a remuneração a ser percebida em face das previsões iniciais. Fica então restabelecida a equação econômico-financeira inicialmente pactuada.

Lei 8.987/1995, Art. 9º - "§ 2º Os contratos poderão prever mecanismos de revisão das tarifas, a fim de manter-se o equilíbrio econômico-financeiro

§ 3º Ressalvados os impostos sobre a renda, a criação, alteração ou extinção de quaisquer tributos ou encargos legais, após a apresentação da proposta, quando comprovado seu impacto, implicará a revisão da tarifa, para mais ou para menos, conforme o caso.

§ 4º Em havendo alteração unilateral do contrato que afete o seu inicial equilíbrio econômico-financeiro, o poder concedente deverá restabelecê-lo, concomitantemente à alteração".

Art. 10 – "Sempre que forem atendidas as condições do contrato, considera-se mantido seu equilíbrio econômico-financeiro".

Art. 11 – "Parágrafo único. As fontes de receita previstas neste artigo serão obrigatoriamente consideradas para a aferição do inicial equilíbrio econômico-financeiro do contrato".

12 CAMPOS, Francisco, *Direito Administrativo.* Vol I, Freitas Bastos, 1958, p.82

13 TÁCITO, Caio, *Temas de Direito Público (Estudos e Pareceres).* Vol. I, Renovar. Rio de Janeiro: 1917. p. 200.

14 GASPARINI, Diógenes, *Direito Administrativo.* Saraiva. São Paulo: 1989, p. 264

15 MARQUES NETO, Floriano de Azevedo. *Concessões.* Fórum. Belo Horizonte: 2015. p. 168.

16 A noção de equilíbrio econômico-financeiro é mais complexa e densa que esta definição, mas será aprofundada adiante.

Contratos, leis setoriais e atos normativos infralegais vêm admitindo o aumento – extensão – de prazo como meio de recomposição do equilíbrio econômico-financeiro de contratos de concessão. Assim, a necessidade de estudo sobre sua pertinência, sua estrutura e seus limites.

Sua aplicação, porém, nem sempre é simples.

O tema suscita algumas questões: (i) a posição da doutrina; (ii) a candência do tema, pelo iminente final dos contratos das primeiras concessões, da década de 1990; (iii) a relevância da questão, se analisada do prisma de alto valor dos contratos e necessidade de preservação da segurança jurídica para as partes e investidores; (iv) as dúvidas sobre a conciliação dessa modalidade de dilação de prazo do contrato de concessão com o princípio da licitação previsto na Constituição Federal; e (v) a determinação de sua incidência a partir de atos normativos e contratuais em que se considera a possibilidade ou não de prorrogação, termo que entendemos verter sobre mais de um significado.

A questão semântica se mostra relevante neste ponto. Segundo os argentinos Guilbourg, Ghiliani e Guarinoni, as sociedades nomeiam fenômenos, naturais ou não, para possibilitar sua comunicação. Contudo, a relação entre palavras e objetos é artificial, fruto de convenções sociais[17]. Premissa que se justificaria, inclusive, pelas diferenças linguísticas na determinação de um mesmo objeto ou fenômeno, cuja essência é a mesma em qualquer idioma[18]. O uso de palavras, segundo o estudo, pode produzir fenômenos como vagueza[19] e ambiguidade[20].

No decorrer deste estudo, percebemos certa dificuldade de interpretação do termo prorrogação, que, na verdade, pode compreender mais de um significado.

A Constituição Federal, assim como a legislação federal, estabelece a possibilidade de prorrogação dos contratos de concessão. Porém, é possível

---

17 GUILBOURG, Ricardo A; GHILIANI, Alejandro M; GUARINONI, Ricardo V. *Introdución al conocimiento científico.* Eudeba. Buenos Aires: 1998. p. 35.

18 GUILBOURG, Ricardo A; GHILIANI, Alejandro M; GUARINONI, Ricardo V. *Introdución al conocimiento científico.* Eudeba. Buenos Aires: 1998. p. 38.

19 GUILBOURG, Ricardo A; GHILIANI, Alejandro M; GUARINONI, Ricardo V. *Introdución al conocimiento científico.* Eudeba. Buenos Aires: 1998. p. 47.

20 GUILBOURG, Ricardo A; GHILIANI, Alejandro M; GUARINONI, Ricardo V. *Introdución al conocimiento científico.* Eudeba. Buenos Aires: 1998. p. 49.

inferir que mais de um significado pode ser dado às diferentes formas de apresentação da palavra.

Entendemos que o termo pode significar (i) a prorrogação como prerrogativa discricionária da Administração Pública em manter a execução de determinado contrato quando assim o ordenamento a permitir. Seria o caso das renovações de contrato; (ii) a prorrogação do contrato de concessão cuja finalidade seja, exclusivamente, atender a uma demanda de reequilíbrio contratual. Neste caso, seu objetivo seria, exclusivamente, a recomposição do contrato. E, em outras hipóteses, entendemos que a generalização é ainda maior, tendo sido a intenção do legislador ou administrador normatizar sobre (iii) qualquer aumento de prazo contratual além do inicialmente estabelecido, independentemente de sua natureza. Este conceito compreenderia os dois significados de prorrogação acima elencados.

Os autores supracitados trazem a possibilidade de uma "liberdade de estipulação". Ou seja, conhecendo a limitação da linguagem, o procedimento intelectual para administrá-la, no caso concreto, seria a definição, desde que essa estipulação seja comunicada ao interlocutor[21].

Considerando essa limitação linguística, este estudo, para fins exclusivamente didáticos, estipula como prorrogação em sentido estrito aquela realizada por conveniência e oportunidade, como prerrogativa da Administração Pública; e como extensão de prazo a prorrogação cuja finalidade seja exclusivamente a recomposição do equilíbrio econômico-financeiro desses contratos de concessão.

Propõe-se a verificar, também, quando o termo, tratado de maneira genérica, deve ou não englobar os dois conceitos, inclusive o de extensão de prazo.

Em determinadas normas seu significado é expresso, seja pelo uso de vocábulo específico, seja pela descrição de sua finalidade[22]. Em outras

---

21 GUILBOURG, Ricardo A; GHILIANI, Alejandro M; GUARINONI, Ricardo V. *Introdución al conocimiento científico.* Eudeba. Buenos Aires: 1998. p. 35.

22 Por exemplo, a Resolução n. 3.651/2011, da Agência Nacional de Transportes Terrestres – ANTT, ao estabelecer a nova metodologia de recomposição do equilíbrio econômico-financeiro dos contratos de concessão, por meio de um fluxo de caixa marginal, determina: Art. 10 - "A recomposição do equilíbrio econômico-financeiro dos contratos a que se refere esta Resolução poderá se dar por intermédio da utilização dos seguintes meios: (...) II – a prorrogação do contrato de concessão"

situações, pode ser mais vago. Determinados contratos trazem, por exemplo, a proibição da prorrogação de sua vigência, sem qualquer indicativo a respeito da amplitude do termo "prorrogação"[23].

Em virtude dessas imprecisões, este trabalho buscará estabelecer critérios que permitam evidenciar a provável intenção do legislador ou administrador em cada caso, e, consequentemente, as circunstâncias de aplicação de cada um dos institutos.

Tendo em vista que o termo "prorrogação" envolve consequência semelhante sobre a execução contratual – o prolongamento do prazo inicial –, é comum que ele seja usado em ambos os casos. Trata-se de um aumento de prazo e, se abstraído o sentido técnico, portanto, de uma prorrogação[24-25].

A Resolução 01, de 2013, da Agência Reguladora de Serviços Públicos Delegados de Transportes do Estado de São Paulo – ARTESP, disciplinando a mesma forma de recomposição do equilíbrio econômico-financeiro, por meio de fluxo de caixa marginal, aplicável a investimentos não previstos no fluxo original, define como meio de concretização dessa recomposição a extensão de prazo contratual.

23 Assim se verifica no contrato de concessão da rodovia Fernão Dias, assinado em 2007, entre a concessionária AutoPista Fernão Dias e a ANTT: "2.2. O prazo da concessão é de vinte e cinco anos. [...] 2.4. Não é admitida a prorrogação do prazo da concessão"

Neste exemplo, a redação não é clara a respeito do que se pretende limitar: a prorrogação do prazo contratual como prerrogativa discricionária da Administração, que ampliaria a vigência do contrato com objetivo de prestigiar o interesse público na manutenção da prestação do serviço pelo concessionário; ou a prorrogação, aqui estipulada como extensão, cuja finalidade seja corrigir um desequilíbrio que tenha surgido ao longo da execução contratual; ou, ainda, se ambos, impedindo qualquer dilação de prazo contratual, seja qual for sua natureza.

24 Podemos encontrar outras denominações na doutrina, aos dois institutos inclusive. Lucas Navarro Prado e Luiz Felipe Valerim Pinheiro, em trabalho conjunto diferenciam a prorrogação contratual de renovação contratual: "Esclareça-se que, embora não haja uma definição legal, a prorrogação é usualmente entendida como a extensão do prazo da concessão por período inferior ao originalmente estabelecido. Já a renovação costuma indicar que a vigência do contrato será acrescida de igual período ao originalmente estabelecido". PRADO, Lucas Navarro; PINHEIRO, Luis Felipe Valerim. *O tempo nas concessões de infraestrutura: prazo de vigência e sua prorrogação.* In: MARCATO, Fernando S; PINTO Jr. Mário Engler. (coords) *Direito da Infraestrutura I.* SaraivaJur. São Paulo: 2017. p. 411-448.

25 Podemos encontrar outras denominações na doutrina, aos dois institutos inclusive. Lucas Navarro Prado e Luiz Felipe Valerim Pinheiro, em trabalho conjunto diferenciam a prorrogação contratual de renovação contratual: "Esclareça-se que,

Embora provoquem um aumento do prazo inicialmente estabelecido no contrato de concessão, o que distingue uma e outra situação é sua natureza e finalidade.

Segundo Bernardo Strobel Guimarães:

> Dentro da renovação de prazo há duas ideias diferentes e inconfundíveis, consoante anota a doutrina. São elas: (a) as previstas no instrumento e sujeitas aos critérios de avaliação de conveniência da Administração e (b) as decorrentes da necessidade de reequilibrar a equação econômico-financeira do contrato. Trata-se de institutos diversos, vocacionados a finalidades distintas[26]

Enquanto a prorrogação em sentido estrito é prerrogativa discricionária, mesmo nas hipóteses em que seja condicionada por critérios objetivos, a aqui estipulada por extensão é espécie do gênero "formas de recomposição do equilíbrio econômico-financeiro". Sob o aspecto de sua natureza, portanto, os institutos não se aproximam, o que não tem impedido a imprecisão na aplicação de ambos os conceitos.

Retomando as questões previamente colocadas, e a necessidade de definir critérios de interpretação e aplicação da alteração de prazo como forma de recomposição, o primeiro capítulo deste estudo se propõe a discorrer sobre o princípio do equilíbrio econômico-financeiro como característica dos contratos de concessão e suas implicações na execução desses contratos. Principalmente no que diz respeito à segurança jurídica do próprio regime de concessão de serviços públicos.

Além disso, o capítulo busca indicar as possibilidades de rompimento desse equilíbrio, ou seja, as causas que podem fazer com que um contrato de concessão esteja em "desequilíbrio". Por fim, o tópico se destina a

---

embora não haja uma definição legal, a prorrogação é usualmente entendida como a extensão do prazo da concessão por período inferior ao originalmente estabelecido. Já a renovação costuma indicar que a vigência do contrato será acrescida de igual período ao originalmente estabelecido". PRADO, Lucas Navarro; PINHEIRO, Luis Felipe Valerim. *O tempo nas concessões de infraestrutura: prazo de vigência e sua prorrogação.* In: MARCATO, Fernando S. PINTO Jr. Mário Engler. (coords) *Direito da Infraestrutura I*, SaraivaJur. São Paulo: 2017. p. 411-448.

[26] GUIMARÃES, Bernardo Strobel. *O prazo nas concessões e as normas que estipulam vigência máxima do vínculo: algumas inquietações*. In: MOREIRA, Egon Bockmann (Org). *Contratos Administrativos, equilíbrio econômico-financeiro e a taxa interna de retorno. A lógica das concessões e Parcerias Público-Privadas*. Fórum. Belo Horizonte: 2017. p. 53.

demonstrar as mais frequentes formas de recomposição do equilíbrio utilizadas atualmente, apontando vantagens e desvantagens de cada uma delas e as condições que devem ser levadas em conta em sua aplicação.

No segundo capítulo, o objetivo é definir a forma de ampliação do prazo da concessão que não vise ao reequilíbrio do contrato. A que aqui será nomeada como prorrogação em sentido estrito. Além disso, aponta as condições de realização dessa ampliação contratual, assim como suas consequências.

O mesmo capítulo trata da criação recente de novas modalidades de prorrogação, trazidas por meio da Lei n. 13.448/2017. Também analisa um dispositivo específico da Medida Provisória que lhe deu origem (Medida Provisória n. 752/2016). Ainda que vetado na conversão dessa em lei, foi nele que, pela primeira vez no ordenamento brasileiro, conceituou-se a extensão de prazo como forma de recomposição do equilíbrio econômico-financeiro contratual.

O terceiro capítulo se destina à exposição do núcleo desse estudo: a alteração de prazo como forma de recomposição do equilíbrio econômico-financeiro dos contratos de concessão, ainda que mais focada na extensão de prazo, em virtude de sua ocorrência admitir debate mais profundo que o caso da redução de prazo, cuja validade pode ser questionada.

Assim como no capítulo anterior, condições de aplicação do instituto, bem como suas consequências, são analisadas de acordo com a doutrina, com a jurisprudência e com previsões legais e contratuais, para que se possa determinar condições e requisitos de aplicação da extensão de prazo e situações fáticas em que o instituto seja juridicamente cabível. Neste capítulo, buscamos responder às principais questões-problema que se colocam em face da aplicação da extensão de prazo.

A partir de então, serão possíveis reflexões acerca do instituto, considerando que, em muitos aspectos, a literatura jurídica ainda é limitada sobre o tema.

O quarto e último capítulo se destina a uma comparação final entre os institutos evidenciando as diferentes situações em que um e outro se colocam e as formas de interpretação dos atos normativos e contratuais que sobre eles dispõem.

Por fim, uma conclusão sobre as possibilidades de aplicação da alteração de prazo e os limites a serem estabelecidos na ponderação dos princípios licitatório e de preservação do equilíbrio econômico-financeiro contratual se apresenta como forma de interpretação e aplicação de dispositivos legais e contratuais a esse respeito.

O equilíbrio econômico-financeiro dos contratos de concessão e sua recomposição

Os contratos de concessão de serviço público são contratos administrativos, ainda que de caráter especial. Regulados pela Lei n. 8.987/1995 e pela Lei n. 11.079/2004[27], encontram fundamento na própria Constituição Federal de 1988, em seu artigo 175.

Neste estudo, não cabe discorrer sobre a natureza dos contratos de concessão[28], nem mesmo suas características essenciais. O objeto deste estudo é mais restrito. Será, portanto, diretamente abordada a questão do equilíbrio econômico-financeiro dos contratos de concessão como característica marcante do instituto e um direito garantido às partes.

1.1. Equilíbrio econômico-financeiro: conceito e fundamentos

Prevista no artigo 37, inciso XXI, da Constituição Federal, a garantia do equilíbrio econômico-financeiro nos contratos administrativos apresenta-se, dentre suas finalidades, como contrapartida às prerrogativas exorbitantes da Administração Pública[29], de alteração unilateral dos contratos

---

27 Existem também leis setoriais que disciplinam o regime jurídico das concessões a que se referem.

28 CAMPOS, Francisco. *Direito Administrativo*, vol. I, Freitas Bastos. Rio de Janeiro: 1958, p. 281;
CRETELLA JUNIOR, José. *Tratado de Direito Administrativo*, vol. III, Forense. Rio de Janeiro: 1967, p. 120; TÁCITO, Caio. *Temas de Direito Administrativo (Estudos e Pareceres)*, 3º vol. Renovar. Rio de Janeiro: 2002, p. 262; MEIRELLES, Hely Lopes. *Direito administrativo brasileiro,* 43ª ed. Atualizada. Malheiros. São Paulo: 2018. p. 510.

29 "No primeiro caso, a proteção do equilíbrio econômico-financeiro é um contrapeso às prerrogativas exorbitantes da Administração Pública na gestão dos contratos de que seja parte. No segundo, a proteção existe não para resguardar imediatamente o

por conveniência e oportunidade, atendendo ao interesse público demandado[30], assim como às situações imprevisíveis no momento de celebração dos contratos.

> Art. 37. A administração pública direta e indireta de qualquer dos Poderes da União, dos Estados, do Distrito Federal e dos Municípios obedecerá aos princípios de legalidade, impessoalidade, moralidade, publicidade e eficiência e, também, ao seguinte:
>
> XXI - ressalvados os casos especificados na legislação, as obras, serviços, compras e alienações serão contratados mediante processo de licitação pública que assegure igualdade de condições a todos os concorrentes, com cláusulas que estabeleçam obrigações de pagamento, *mantidas as condições efetivas da proposta*, nos termos da lei, o qual somente permitirá as exigências de qualificação técnica e econômica indispensáveis à garantia do cumprimento das obrigações. (grifo nosso)

O equilíbrio econômico-financeiro nada mais é, resumidamente, que a proporção estabelecida entre encargos e receitas a serem auferidas no curso do contrato[31]. Nos termos da equação que expressa esse equilíbrio, a concessionária inscreve todas as suas estimativas e projeções de créditos e débitos, que lhe ocorrerão ao longo da execução contratual[32].

Segundo Marcel Waline:

---

concessionário, mas sim a continuidade do serviço público e os interesses públicos atendidos pelo contrato". ARAGÃO. Alexandre dos Santos. *Direito dos serviços públicos.* 4ª ed. Fórum. Belo Horizonte: 2017. p. 481.

30 SANTOS, José Anacleto Adbuch. *Contratos de concessão de serviços públicos: equilíbrio econômico-financeiro.* 1ª ed. (ano 2002). Curitiba: 2016. p. 138; TACITO, Caio. *O Equilíbrio Financeiro na Concessão de Serviço Público*. Revista de Direito Administrativo, vol. 64. Rio de Janeiro: 1961. p. 78.

31 O equilíbrio econômico-financeiro faz parte das cláusulas contratuais do contrato, que não podem ser alteradas. Em detrimento das cláusulas regulamentares, que dizem respeito à prestação do serviço e podem ser unilateralmente modificadas. ARAGÃO. Alexandre dos Santos. *Direito dos serviços públicos.* 4ª ed. Fórum. Belo Horizonte: 2017. p. 478.

32 "Essas obrigações [recíprocas] assumidas pelas partes contratantes guardam uma proporcionalidade originária em razão da qual é fixada a remuneração ou contraprestação a que fará jus o particular no decurso da execução contratual". SANTOS, José Anacleto Adbuch. *Contratos de concessão de serviços públicos: equilíbrio econômico-financeiro.* 1ª ed. (ano 2002). Jaruá. Curitiba: 2016, p. 130.

> O equilíbrio financeiro, ou a equação financeira do contrato, é uma relação estabelecida pelas próprias partes contratantes no momento da celebração do contrato, entre um conjunto de direitos e um conjunto de obrigações do contratante, que se equivale; a partir de então essa equação não pode mais ser alterada[33].

Atualmente, sabe-se que essa definição de equilíbrio econômico-financeiro é bastante simplificada. Outros fatores interferem na composição das previsões realizadas por ambas as partes, como a matriz de risco definida no contrato, por exemplo. Porém, como o objetivo maior deste estudo é analisar especificamente uma das formas de recomposição desse equilíbrio, quando rompido, basta a noção simplificada de proporção entre o plexo de direitos e de obrigações assumido pelas partes.

Celso Antônio Bandeira de Mello o descreve como direito da concessionária:

> A equação econômico-financeira constitui-se no objeto contratual imutável unilateralmente. A expressão econômica de valor fruível pelo concessionário como resultado da exploração do serviço ao longo da concessão segundo os termos constituídos à época do ato concessivo é direito fundamental da contraparte do Poder Público[34].

Partindo do pressuposto que o equilíbrio econômico-financeiro dos contratos de concessão é direito constitucional da concessionária, esse pode ser considerado intangível[35]. Ressalta-se, porém, que essa intangibilidade do equilíbrio não se confunde com a intangibilidade das condições contratuais. Essas podem ser modificadas:

---

33 "l'équilibre financier ou l'équacion financière du contrat, c'est um rapport qui a été étabili par les parties contractantes eles-mêmes au moment de la conclusion du contrat, entre um ensemble de droits du contractant et um esemble de charges de celui-ci, qui ont paru equivalentes, d'où le nom d'équation,: dès lors cette équivalence ne peut plis être alterée". WALINE, Marcel. *Droit administratiff.* 9ª ed. 1963. p. 618.

34 BANDEIRA DE MELLO, Celso Antônio. *Serviço público e concessão de serviço público*. Malheiros. São Paulo: 2017. p. 100.

35 GUIMARÃES, Fernando Vernalha. *Alteração unilateral do contrato administrativo (Interpretação de dispositivos da Lei 8.666/1993).* Malheiros. São Paulo: 2003. p. 263.

> A intangibilidade é apenas da equação econômico-financeira, não das cláusulas que tenham expressão econômica em si, inclusive as respeitantes à estrutura tarifária, que podem, portanto, ser alteradas, desde que o delegatá rio seja de alguma forma recompensado[36].

Colocadas as principais premissas acerca do equilíbrio econômico-financeiro nos contratos administrativos, caberá definir as possíveis razões que levem ao seu rompimento e à consequente necessidade de recomposição.

1.2. A mutabilidade dos contratos de concessão de serviço público e sua relação com o equilíbrio econômico-financeiro

É importante avaliar a complexidade dos contratos de concessão, característica marcante desse instituto. O longo prazo estipulado, necessário à amortização dos investimentos[37], somado aos interesses envolvidos, explica tal complexidade.

Portanto, não é possível presumir que as condições externas à sua celebração serão mantidas durante toda a execução. Surge, então, a questão da mutabilidade desses contratos.

Essas mudanças, ou alterações, sobre as condições contratuais inicialmente pactuadas são necessárias ou inevitáveis à prestação adequada do serviço público concedido. Isso porque, ao longo de sua execução, o interesse público pode se alterar, em razão da superveniência de condições econômicas, sociais e políticas distintas daquelas vigentes à época da contratação. Praticamente a única afirmação certeira que podemos fazer é a de que haverá alguma alteração no contrato.

> Os serviços públicos podem e devem ser adaptados, alterados, de acordo com as necessidades cambiantes do público, segundo as exigências de interesse geral.
>
> Referido princípio [mutabilidade] justifica muitas das prerrogativas que a Administração possui sobre o serviço, em especial a de sua modificação unilateral, e legitima a incidência de várias medidas sobre a posição jurídica dos vários sujeitos envolvidos: os usuários, que podem ser atingidos no desfrute de seus direitos (modificação de tarifas, das condições de organização, funcionamento e modo das prestações etc.); os contratados pela Administração, que não têm direito adquirido à manutenção das condições iniciais do ajuste

---

36 ARAGÃO, Alexandre dos Santos. *Direito dos serviços públicos.* 4ª ed. Fórum. Belo Horizonte: 2017. p. 478.

37 DROMI, Roberto. *Derecho administrativo.* 4ª ed. Buenos Aires: 1995. p. 413.

> (embora o tenham em relação ao equilíbrio econômico-financeiro) e estão sujeitos à obrigação de prestar os serviços nas melhores condições técnicas possíveis (em virtude da chamada 'cláusula de progresso dos serviços'); e os servidores público, que não podem se opor às adaptações do serviço público e às modificações do seu estatuto no interesse público[38].

Também Agustín Gordillo:

> A mutabilidade do contrato também é fato característico, manifestada no limite da justificativa do interesse público, que pode ser adaptado ou modificado. Dito de outro modo: é sua flexibilidade, frente à rigidez dos contratos de direito privado. Não é necessário que o Estado invoque a teoria da imprevisão, o caso fortuito ou a força maior para determinar alterações: essas são causas de modificação exigida pelo concessionário. O concedente tem poderes mais discricionários[39].

A mutabilidade é uma característica dos contratos de concessão de serviço público, sendo o equilíbrio econômico-financeiro um direito das partes em um contrato desse tipo. Com frequência, essa característica confronta o direito das partes à manutenção do equilíbrio contratual.

Nos ensinamentos de Marçal Justen Filho:

> A manutenção do equilíbrio econômico-financeiro corresponde a uma espécie de magnetização dos ângulos ativo e passivo do conteúdo da relação jurídica: à alteração de um ângulo deve corresponder uma alteração equivalente e correspondente no outro ângulo[40].

Isso não significa dizer que qualquer hipótese de alteração das condições contratuais deve ensejar a recomposição do equilíbrio econômico-financeiro

---

38 GROTTI, Dinorá Adelaide Musetti. *Teoria dos serviços públicos e sua transformação*. In: SUNDFELD, Carlos Ari (Org.). *Direito administrativo econômico*. Malheiros. São Paulo:2000, p. 57-58.

39 "La mutabilidade del contrato es también dato característico, manifestada em la circunstancia de que si el interés público lo justifica, podría adaptárselo y modificárselo; dicho de outro modo, su flexibilidade, frente a la rigidez de los contratos de detecho privado. No necesita el Estado invocar la teoria de la imprevisión, el caso fortuito o la fuerza mayor para modificar un contrato de esta naturaleza: esas son causales para modificar el contrato a a pedido del concesionario o licenciatario. El concedente tiene em cambio facultades más discrecionales". GORDILLO. Agustín. *Tratado de Derecho Adminsitrativo*. Tomo I. 4ª ed. Fundación de Derecho Adminsitrativo. Buenos Aires: 1997. p. XI-39.

40 JUSTEN FILHO, Marçal. *Teoria geral das concessões de serviço público*. Dialética. São Paulo: 2003. p. 390.

e a compensação pela parte favorecida à outra. Somente em alguns casos, contratualmente estabelecidos, é que essa recomposição se faz necessária.

O primeiro passo no estudo da mutabilidade dos contratos, e sua interferência direta no equilíbrio econômico-financeiro, é identificar quando as alterações de contrato, ou de condições, implicarão a recomposição e quando se tem apenas risco da parte contratante, não havendo que se falar em recomposição do equilíbrio econômico-financeiro[41].

1.2.1. *As alterações que podem provocar desequilíbrio econômico-financeiro contratual*

A mutabilidade, ou alteração contratual, pode ser provocada por mais de uma razão. Na elaboração do contrato, as partes definem quais riscos deverão ser assumidos por parte de cada uma delas, no decorrer da execução do contrato de concessão de serviço público.

Variações de demanda, variações nos custos dos insumos relativos à prestação de serviço, risco de investimentos e outros costumam ser de responsabilidade da concessionária. Decisões que impeçam a continuidade de obras, atrasos em obras de responsabilidade do Poder Concedente, criação e extinção de tributos, entre outros, geralmente são alocados como riscos do Poder Concedente.

Sobre esses riscos, não haverá, de forma geral, que se falar em recomposição. Outros, porém, que não podem ser previstos ou, ainda que previstos, não podem ter suas consequências calculadas e consideradas na elaboração da proposta, carecem de recomposição quando materializados.

1.2.1.1. Álea ordinária

A chamada *álea ordinária*, refletida na matriz de risco contratual[42], determina as hipóteses de risco a serem assumidas pela empresa concessionária

41 "Cumpre esclarecer que a garantia econômica do concessionário da concessão de serviço público não é, contudo, uma proteção total que lhe dá o concedente contra qualquer espécie de insucesso econômico ou diminuição de suas perspectivas de lucro. [...]. É necessário, então, distinguir entre os riscos a serem cobertos pelo poder concedente daqueles que correrão por conta do concessionário". BANDEIRA DE MELLO, Celso Antônio. *Curso de direito administrativo.* Malheiros. 33ª ed. São Paulo: 2018. p. 767.

42 Riscos previamente definidos cuja responsabilidade é direcionada a uma das partes no momento em que é firmado o contrato de concessão.

de serviço público. Trata-se, basicamente, dos riscos inerentes ao negócio, que podem ou não ser experimentados ao longo da execução contratual. Nesses casos, não há que se falar em compensação ao contratado, visto que os riscos lhe foram previamente imputados.

Segundo Maria Sylvia Zanella Di Pietro:

> Álea ordinária ou empresarial, que está presente em qualquer tipo de negócio; é um risco que todo empresário corre, como resultado da própria flutuação do mercado; sendo previsível, por ele responde o particular. Há quem entenda que mesmo nesses casos a Administração responde, tendo em vista que nos contratos administrativos os riscos assumem maior relevância por causa do porte dos empreendimentos, o que torna mais difícil a adequada previsão dos gastos; não nos parece aceitável essa tese, pois, se os riscos não eram previsíveis, a álea deixa de ser extraordinária[43].

Nesse mesmo sentido, Celso Antônio Bandeira de Mello:

> Cumpre esclarecer que a garantia econômica do concessionária na concessão de serviço público não é, contudo, uma proteção total que lhe dá o concedente contra qualquer espécie de insucesso econômico ou diminuição de suas perspectivas de lucro.
>
> Com efeito, uma vez que o concessionária exerce um serviço estatal, mas por sua conta, risco e perigos, é natural que, à moda de qualquer empreendimento comercial ou industrial, se sujeite a certa álea, a certo risco. Pode, portanto, ser, como outro empreendedor, integralmente bem-sucedido ou malsucedido em suas expectativas de sucesso econômico[44].

Segundo Alexandre Santos de Aragão:

> A álea ordinária ou empresarial, presente em qualquer tipo de negócio, não pode, de acordo com os paradigmas da doutrina clássica, ensejar uma proteção especial para a concessionária: as circunstâncias previsíveis; as imprevisíveis, mas de resultados contornáveis ou de pequenos reflexos econômicos, devem ser suportadas pelo contratado. É que o concessionário continua sendo um empreendedor da iniciativa privada, sujeito, portanto, aos riscos de sua atividade[45].

---

43 DI PIETRO, Maria Sylvia Zanella. Direito administrativo. 31ª ed. Forense. São Paulo: 2018. p. 313.

44 BANDEIRA DE MELLO, Celso Antônio. *Curso de direito administrativo*. Malheiros. São Paulo: 2018. p. 767.

45 ARAGÃO, Alexandre Santos de. *Direito dos serviços públicos*. 4ª ed. Fórum. Belo Horizonte: 2017. p. 482.

Portanto, a álea ordinária representa todos os riscos inerentes ao negócio e cuja responsabilidade pela concretização é da própria concessionária. Não pode o particular ser beneficiado em virtude da contratação com a Administração Pública e nem cabe a esta indenizá-lo por qualquer tipo de perda[46]. Seu tratamento não pode ser privilegiado em relação aos riscos que correria em uma contratação particular.

1.2.1.2. Álea administrativa[47]

Além da *álea ordinária*, a alteração nas condições pode ser provocada por atos da própria Administração Pública, possibilidade que abrange mais de uma modalidade de alteração contratual, ou, ainda, por situações imprevisíveis.

Maria Sylvia Zanella Di Pietro divide a, por ela estipulada, *álea administrativa* em três possibilidades de alteração contratual pela Administração Pública.

> Álea administrativa, que abrange três modalidades:
>
> Uma decorrente do poder de alteração unilateral do contrato administrativo, para atendimento do interesse público; por ela responde a Administração, incumbindo-lhe a obrigação de restabelecer o equilíbrio voluntariamente rompido;
>
> a) A outra corresponde ao chamado fato do príncipe, que seria um ato de autoridade, não diretamente relacionado com o contrato, mas que repercute indiretamente sobre ele; nesse caso, a Administração também responde pelo restabelecimento do equilíbrio rompido.
>
> b) A terceira constitui o fato da Administração, entendido como "toda ação ou omissão do Poder Público que, incidindo direta e especificamente sobre o contrato, retarda, agrava ou impede a sua execução" (MEIRELLES, 2009, apud DI PIETRO, 2018, p. 314)[48].

---

46 MARIENHOFF, Miguel S. *Tratado de Derecho administrativo.* Tomo III-A. Abledo-Perrot. Buenos Aires: 1994. p. 470.

47 Mais de uma possibilidade de classificação é possível no que tange às alterações contratuais nos contratos de concessão. Celso Antônio Bandeira de Mello, por exemplo, classifica em *álea extraordinária* as situações que Maria Sylvia Zanella Di Pietro divide em álea administrativa *e álea econômica.* Nesse estudo preferimos adotar essa última classificação por entendermos mais didática.

48 DI PIETRO, Maria Sylvia Zanella. *Direito administrativo.* 31ª ed. Forense. Rio de Janeiro: 2018. p. 314.

Adotaremos a nomenclatura da autora, cientes de que existem outras na doutrina[49]. Celso Antônio Bandeira de Mello, por exemplo, classifica como *álea extraordinária* o gênero que compreende a *álea administrativa* e a *álea econômica*[50].

A alteração unilateral é prerrogativa conferida em lei à Administração Pública, e permite o atendimento ao interesse público, que é mutável, de acordo com as alterações nas condições econômicas e sociais. Segundo Pedro Gonçalves, é esse o poder mais característico da Administração nos contratos administrativos[51].

Nas palavras de Roberto Dromi:

> As consequências da chamada parte regulamentar ou legal são a possibilidade de modificar a organização e o funcionamento do serviço – são provenientes do caráter administrativo da concessão que implica à Administração Pública, em exercício de suas prerrogativas, a introdução das modificações que julgue necessárias à organização e funcionamento do serviço.[...] O dever do concessionário de adaptar o serviço às novas necessidades ou conveniências do interesse público e o poder da Administração para exigir o cumprimento de tal dever derivam, diretamente do caráter de contrato administrativo da concessão de serviço público[52].

Sobre a alteração unilateral, é importante ressaltar que nem todos os aspectos contratuais podem ser alterados, apenas as chamadas cláusulas regulamentares, como bem apontou Dromi. As cláusulas regulamentares

---

49 DI PIETRO, Maria Sylvia Zanella. *Direito administrativo.* 31ª ed. Forense. Rio de Janeiro: 2018. p. 313.

50 BANDEIRA DE MELLO, Celso Antônio. *Curso de Direito administrativo.* 33ª ed. Malheiros. São Paulo, 2016. p. 767.

51 GONÇALVEZ, Pedro. *O Contrato Administrativo. Uma instituição do direito administrativo do nosso tempo.* Almedina. Coimbra: 2003. p. 107.

52 "Las consecuencias de la llamada parte reglamentaria o legal – posibilidad de modificar la organización y funcionamento del servicio – provienem del carácter administrativo de dicha concésion que implica que la Administración Pública, em ejercicio de sus prerrogativas, introduzca todas las modificaciones que juzgue menester em la organización o en el funcionamento del servicio. [...] El deber del concesionario de adaptar el servicio a las nuevas necesidades o conveniencias del público, derivan, diretamente, del caráter de contrato administrativo de la concesión de servicio público". DROMI, Roberto. *Derecho administrativo.* 4ª ed. Buenos Aires: 1995. p. 412.

são as que "disciplinam o modo e a forma de prestação do serviço"[53]. Por serem dinâmicas, podem ser alteradas unilateralmente para satisfação e adequação do serviço ao interesse público. Sobre elas, portanto, incide a prerrogativa de alteração unilateral do contrato.

Mesmo sendo uma prerrogativa da Administração, a alteração unilateral não pode ser exercida de forma indiscriminada, sendo suas balizas o interesse público e o próprio equilíbrio econômico-financeiro contratual. Por isso, as cláusulas contratuais econômico-financeiras não podem ser alteradas, em virtude da intangibilidade dessa garantia da concessionária[54]. Em razão dessa premissa, as alterações unilaterais, ainda que digam respeito às cláusulas regulamentares, devem ser seguidas da recomposição do equilíbrio econômico-financeiro, quando este for rompido[55].

O *fato do príncipe*, por sua vez, se configura por ato de autoridade, genérico, que indiretamente atinja o contrato de concessão de serviço público. Um exemplo clássico da ocorrência desse tipo de alteração contratual é a criação ou majoração de impostos não prevista no contrato. Trata-se de ação genérica da Administração que acaba por impactar reflexamente na execução contratual.

Segundo Hely Lopes Meirelles:

> Fato do príncipe é toda determinação estatal, geral, imprevista e imprevisível, positiva ou negativa, que onera substancialmente a execução do contrato administrativo. Essa oneração constituindo uma álea administrativa extraordinária e extracontratual, obriga o Poder Público contratante compensar integralmente os prejuízos suportados pela outra parte, a fim de possibilitar o prosseguimento da execução do ajuste[56].

---

[53] ARAGÃO, Alexandre Santos de. *Direito dos serviços públicos*. 4ª ed. Fórum. Belo Horizonte: 2017. p. 477.

[54] ARAGÃO, Alexandre Santos de. *Direito dos serviços públicos*. 4ª ed. Fórum. Belo Horizonte: 2017. p. 478.

[55] No entendimento do Supremo Tribunal Federal, trazido por Alexandre Santos de Aragão, é possível também a alteração de cláusulas contratuais, justamente pelo fato de ter a concessionária a garantia do equilíbrio econômico-financeiro durante toda a execução contratual. STF, MS n. 17.957, Rel. Min. Aliomar Baleeiro. Apud ARAGÃO, Alexandre Santos de. *Direito dos serviços públicos*. 4ª ed. Fórum. Belo Horizonte: 2017. p. 478.

[56] MEIRELLES. Hely Lopes. *Estudos e pareceres de direito público*. Vol. 10. Ed. Revista dos Tribunais. São Paulo: 1988.

Para o autor, o que caracteriza o *fato do príncipe* é a generalidade e coercitividade da medida, seja ela um ato, uma norma ou um regulamento. Não se trata de atentado direto ao contrato administrativo, mas a superveniência de ato estatal imprevisível que, de alguma forma, onere o contrato além do esperado pelas partes.

Atente-se para a possibilidade de ocorrência do *fato do príncipe* em favor da concessionária, como, por exemplo, por meio da redução de carga tributária, desonerando o contrato e promovendo o desequilíbrio perante as condições inicialmente pactuadas entre as partes. Nessa hipótese, a recomposição deveria se dar da mesma maneira, porém em favor do Poder Concedente.

Por fim, o fato da administração consiste em uma atuação da Administração, como parte contratual, que impede sua execução. Ou, na concepção de Celso Antônio Bandeira de Mello, quando a Administração Pública age como "mau contratante", não necessariamente impedindo o objeto do contrato, mas ferindo sua avença com o particular.

> Reputamos preferível conceituar o fato da Administração como comportamento irregular do contratante governamental que, nesta mesma qualidade, viola os direitos do contratado e eventualmente dificulta ou impede a execução do que estava entre eles avençado[57].

Em todas as hipóteses de alteração pela *álea administrativa*, diferentemente do que se tem na ocorrência da *álea ordinária*, a recomposição do equilíbrio econômico-financeiro se faz indispensável.

1.2.1.3. Álea econômica

Outra possibilidade de alteração nas condições de execução contratual enseja recomposição. Trata-se da chamada *álea econômica*, conforme Maria Sylvia Di Pietro. Esta ocorre quando a execução contratual é agravada pela ocorrência de fato imprevisível ou previsível, mas de consequências incalculáveis[58].

---

57 BANDEIRA DE MELLO, Celso Antônio. *Curso de direito administrativo*. 33ª ed. Malheiros. São Paulo: 2016. p. 671.

58 Esta forma de desequilíbrio deriva da teoria da imprevisão, constante do Direito Civil (expressa pela cláusula *Rebus sic Statibus*) e afirmada como método aplicável aos contratos administrativos pelo Conselho de Estado Francês, no clássico caso do

São circunstâncias externas e alheias à vontade das partes, mas que provocam desequilíbrio econômico-financeiro e, por isso, aplica-se a teoria da imprevisão, ficando a Administração Pública responsável pela recomposição do equilíbrio contratual. Em suas palavras:

> Álea econômica, que corresponde a circunstâncias externas ao contrato, estranhas à vontade das partes, imprevisíveis, excepcionais, inevitáveis, que causam desequilíbrio muito grande no contrato, dando lugar à aplicação da teoria da imprevisão; a Administração Pública, em regra, responde pela recomposição do equilíbrio econômico-financeiro[59].

A autora observa que, no direito francês, do qual o direito administrativo muito herdou, no caso de ocorrência da *álea econômica*, os prejuízos seriam repartidos entre as partes; mas, no Brasil, assim como ocorre na *álea administrativa*, cabe à Administração Pública a recomposição do equilíbrio econômico-financeiro contratual.

O mesmo também se observa no direito argentino. Marienhoff diferencia o ressarcimento por parte da Administração à concessionária nos casos de *fato do príncipe* e de aplicação da teoria da imprevisão – aqui referida como *álea econômica*. Segundo o autor, a indenização integral dessa concessionária somente teria vez na ocorrência de *fato do príncipe*.

Gaz de Bordeaux, no qual a doutrina brasileira também se baseou para fixação de seu entendimento. JÈZE, Gaston. *Les contrats administratifs*. Paris: 1927. p. 67.

A partir da teoria, em casos de fatos não previstos no contrato, ou, ainda que previstos, de consequências incalculáveis, o risco não deve ser assumido, exclusivamente, pelo contratado, podendo inclusive culminar na resolução do contrato.

No direito brasileiro, foi prevista na Lei 8.666/1993, aplicável subsidiariamente aos contratos administrativos de concessão de serviço público. Em seus termos: Art. 65 – "Os contratos regidos por esta Lei poderão ser alterados, com as devidas justificativas, nos seguintes casos: (...) II - por acordo das partes: (...) d) para restabelecer a relação que as partes pactuaram inicialmente entre os encargos do contratado e a retribuição da administração para a justa remuneração da obra, serviço ou fornecimento, objetivando a manutenção do equilíbrio econômico-financeiro inicial do contrato, na hipótese de sobrevirem fatos imprevisíveis, ou previsíveis porém de consequências incalculáveis, retardadores ou impeditivos da execução do ajustado, ou, ainda, em caso de força maior, caso fortuito ou fato do príncipe, configurando álea econômica extraordinária e extracontratual".

59 DI PIETRO, Maria Sylvia Zanella. *Direito administrativo.* 31ª ed. Forense. Rio de Janeiro: 2018. p. 314.

No caso de *álea econômica*, o Estado estaria obrigado a apenas lhe conferir uma "ajuda", por não ser a causa diretamente imputável a si[60].

É possível perceber que, no Brasil, a garantia do equilíbrio econômico-financeiro é mais protetiva às concessionárias de serviço público que em outros países, como França e Argentina, por exemplo.

Entendemos, porém, que a garantia de recomposição do equilíbrio econômico-financeiro por ocorrência de *álea econômica* apresenta-se também como meio de proteção à própria Administração Pública e ao interesse público. Isso porque permite à concessionária formular uma proposta de remuneração razoável, sem considerar, em seus cálculos, perdas decorrentes de risco remoto, com as quais não poderia arcar regularmente. Assim, evita-se o cálculo desse risco no preço da tarifa em virtude de potenciais eventos, que podem não ocorrer.

Celso Antônio Bandeira de Mello traz ainda outra possibilidade: a das "sujeições especiais". Segundo o autor, essa é obrigação de indenizar quando surgir óbice imprevisível que acarrete problema de ordem técnica, afetando o equilíbrio econômico-financeiro contratual, por não obediência às previsões inicialmente elaboradas pelas partes. Aqui cabe, portanto, a assunção dos prejuízos pelo Poder Concedente[61].

1.3. Instrumentos de verificação do equilíbrio econômico-financeiro

Uma vez alteradas as condições contratuais, por *álea administrativa* ou *álea econômica*, e devidamente comprovado o desequilíbrio econômico-financeiro do contrato, tem-se a necessidade de sua recomposição. Cabe então, ao Poder Concedente, definir, discricionariamente, a forma pela qual se dará a recomposição[62].

---

60 MARIENHOFF, Miguel S. *Tratado de Derecho administrativo.* Tomo III-A. Abledo-Perrot. Buenos Aires: 1994. p. 544.

61 BANDEIRA DE MELLO, Celso Antônio. *Curso de direito administrativo*. 33ª ed. Malheiros. São Paulo: 2016. p.769.

62 André de Laubadère, discorrendo sobre a noção de equilíbrio econômico-financeiro, cita L. Blum e sua conclusão a respeito. Para os autores, depois de estabelecido o poder de modificação dos contratos pela Administração, no intuito de adequar a prestação do serviço ao interesse público tutelado, o equilíbrio econômico financeiro aparece como uma "equivalência honesta", uma contrapartida a que tem direito o concessionário em virtude das alterações: "après avoir énoncé l'idée que le concédant peut éventuellement imposer au concessionnaire, dans l'intéret general, um développement accru des moyens d'assurer le servisse concédé, L. Blum affirmait

Embora o escopo deste estudo seja a interpretação da aplicação de uma das formas de recomposição do equilíbrio contratual nos contratos de concessão de serviço público, entendemos pertinente uma breve descrição das possibilidades de realização dessa recomposição.

Assim, será possível compará-las à extensão de prazo, objeto deste estudo, tanto no que diz respeito às vantagens e desvantagens, quanto à própria legalidade e validade do instituto, e às consequências de sua aplicação.

Neste capítulo pretendemos demonstrar algumas das formas utilizadas na recomposição do equilíbrio econômico-financeiro dos contratos de concessão. Segundo a autora Letícia Queiroz, antecipando-nos as possibilidades de recomposição:

> No que se refere aos mecanismos para sua recomposição, não há qualquer indicação de quais sejam no plano legal. Normalmente as normas contratuais preveem a revisão do valor da tarifa, a alteração do cronograma de investimentos, o ressarcimento em pecúnia e a extensão do prazo da concessão – a qual não se confunde com a prorrogação por motivos de conveniência e oportunidade, pois tem a finalidade específica de recomposição do equilíbrio econômico-financeiro sem impacto no valor da tarifa[63].

A seguir analisaremos cada uma das formas de recomposição adotadas pela doutrina e em contratos e atos normativos.

Faz-se importante reiterar que, na escolha da forma de recomposição, ainda que discricionária, cabe ao Poder Concedente considerar os princípios constitucionais que devem reger sua atuação, como a modicidade tarifária, o princípio licitatório e, principalmente, o interesse público.

1.3.1. Revisão tarifária

A revisão tarifária é utilizada para rever a remuneração contratual em face de um desequilíbrio ocorrido durante sua execução, recompondo a situação anterior[64].

---

comme um príncipe d''équivalence honnête' le droit du concessionnaire, on contrepartie, au rétablissement de 'l'équation financière du contrat de concession'". LAUBADÈRE. André de. *Traité théorique et pratique des contrats administratifs.* Tome II. Librairie générale de droit et de jurisprudence. Paris: 1956. p. 33

63 ANDRADE, Letícia Queiroz de. *Teoria das relações jurídicas da prestação de serviço público sob regime de concessão.* Malheiros. São Paulo: 2015. p. 215.

64 Revisão tarifária não é um sinônimo de reajuste. A função do reajuste é apenas atualizar o valor monetário da tarifa que, em virtude dos efeitos corrosivos da inflação,

> Na revisão, dada a irrupção de encargos excedentes dos originais, a tarifa efetivamente muda, não apenas em sua expressão numérica, mas também na qualificação do próprio valor que lhe deve corresponder para que seja mantido o equilíbrio inicial entre os encargos dantes previstos e a correspondente retribuição[65].

A revisão tarifária é necessária, portanto, quando circunstâncias posteriores à assinatura do contrato mudarem, por qualquer das razões mencionadas no tópico anterior, as condições em que os contratos tenham sido assinados. Ou seja, quando houver um desequilíbrio contratual.

A Lei n. 8.987/1995 traz como forma de restabelecimento do equilíbrio econômico-financeiro a alteração na tarifa. Assim, no caso de desequilíbrio que prejudique a concessionária, essa passa a receber maior remuneração pela prestação do serviço, compensando, diretamente, o prejuízo sofrido por conta do desequilíbrio contratual.

> Art. 9º A tarifa do serviço público concedido será fixada pelo preço da proposta vencedora da licitação e preservada pelas regras de revisão previstas nesta Lei, no edital e no contrato.
>
> § 2º Os contratos poderão prever mecanismos de revisão das tarifas, a fim de manter-se o equilíbrio econômico-financeiro.
>
> § 3º Ressalvados os impostos sobre a renda, a criação, alteração ou extinção de quaisquer tributos ou encargos legais, após a apresentação da proposta, quando comprovado seu impacto, implicará a revisão da tarifa, para mais ou para menos, conforme o caso.

Essa é a única forma de recomposição do equilíbrio econômico-financeiro contratual prevista na Lei de Concessões. As demais são aceitas pela doutrina e registradas em atos normativos infralegais, como portarias e resoluções das Agências Reguladoras.

---

pode ter se deteriorado. Segundo Celso Antônio Bandeira de Mello: "O reajuste configura hipótese em que a tarifa substancialmente não muda; altera-se, apenas, o preço que a exprime. Como persistem os mesmos fatores inicialmente levados em conta, a tarifa é apenas atualizada, a fim de acompanhar a variação normal do preço dos insumos, sem que se lhe agreguem acréscimos, pois não há elementos novos interferentes com ela" BANDEIRA DE MELLO, Celso Antônio. *Curso de Direito administrativo.* Malheiros. São Paulo: 2016. p. 764.

65 BANDEIRA DE MELLO, Celso Antônio. *Curso de Direito administrativo.* Malheiros. São Paulo: 2016. p. 764.

Segundo Floriano de Azevedo Marques Neto, "a Lei nº 8.987/1995 (art. 9º§§2º e 3º) elege a revisão tarifária como mecanismo preferencial de reequilíbrio"[66].

Contudo, em determinadas situações, esse mecanismo de recomposição pode não se fazer adequado.

A revisão tarifária é, de fato, a única forma de recomposição prevista na Lei de Concessões. Porém, talvez "preferencial" não seja o melhor termo para descrevê-la. Preferimos os termos utilizados por Jacintho Arruda Câmara:

> A utilização da tarifa como mecanismo de reequilíbrio da equação econômico-financeira da concessão é facilmente justificada. De um lado, quando ocorre perda para a concessionária, a tarifa representa ao mecanismo mais direto e imediato de compensação. O aumento da tarifa busca atingir um efetivo e imediato aumento na receita dessa concessionária, recompondo, assim o prejuízo por ela experimentado. Do outro, quando a equação está em desequilíbrio em benefício da concessionária, sua restauração se dá com a redução da tarifa. Neste caso a diminuição do valor da tarifa cumpre duplo objetivo: torna o serviço mais acessível aos usuários (o que atende ao princípio da modicidade das tarifas) e reduz as vantagens da concessionária, proporcionando o reequilíbrio da equação econômico-financeira original[67].

Em outra passagem o autor utiliza o termo "natural" para caracterizar a alteração de tarifa como forma de recomposição do equilíbrio contratual. Consideramos mais adequado esse ponto de vista ao do termo "preferencial", visto que, ao definir a forma de recomposição, o administrador deve considerar o interesse público, bem como a modicidade tarifária e o princípio licitatório.

Estabelecida a alteração tarifária como meio de recomposição do equilíbrio econômico-financeiro contratual, nos casos de desequilíbrio do contrato em favor da concessionária, resultando no acréscimo do valor da tarifa, é imprescindível avaliar se essa recomposição irá afrontar o princípio da modicidade tarifária, também previsto na Lei de Concessões, n. 8.987/1995[68].

---

66 MARQUES NETO, Floriano de Azevedo. *Concessões*. Fórum. Belo Horizonte: 2015. p. 195.

67 ARRUDA CÂMARA, Jacintho. *Tarifa nas concessões*. Malheiros. São Paulo: 2009. p. 188.

68 "Para larga parcela de doutrinadores prevalece como requisito do serviço público a modicidade das contraprestações devidas pelos usuários [...]. este princípio deve

> Art. 6º (...) § 1º: Serviço adequado é o que satisfaz as condições de regularidade, continuidade, eficiência, segurança, atualidade, generalidade, cortesia na sua prestação e *modicidade das tarifas*.

Essa possibilidade deve então ser considerada pela Administração Pública no momento da escolha discricionária da forma de recomposição do equilibro econômico-financeiro, pois, além de atender ao interesse público, é de responsabilidade da Administração o respeito às premissas e aos princípios constitucionais.

Além disso, Jacintho Arruda Câmara aponta situações em que o aumento tarifário não se faz suficiente. Isso porque, em vários casos, ao ser determinado esse aumento, tem-se a proporcional, ou exponencial, queda da demanda. Ou seja, o número de usuários do serviço diminui, com consequente diminuição de entradas, fazendo com que a remuneração não seja alterada da forma esperada. Ela pode, até mesmo, diminuir.

> Situações de fato, todavia, podem limitar esta discricionariedade administrativa, tornando inviável o aumento tarifário como mecanismo de restabelecimento do equilíbrio contratual afetado. Isto ocorrerá sempre que o aumento de tarifa não corresponda um proporcional aumento de receita da concessionária. Seriam situações em que, devido à condição socioeconômica dos usuários do serviço a elevação do valor das tarifas traria uma queda na demanda pelo serviço e, consequentemente, a receita geral da empresa concessionária não seria beneficiada[69].

Nesses casos, a alteração tarifária como forma de recomposição do equilíbrio econômico-financeiro contratual se faria inviável, cabendo ao Poder Concedente descartá-la e adotar outra alternativa. Segundo Letícia Queiroz:

> Desde que haja consenso entre as partes, alternativas que evitem a majoração da tarifa parecem-nos ser, em princípio, sempre cabíveis, ainda que não previstas originalmente no edital – como, por exemplo, a possibilidade

---

ser analisado caso a caso, de acordo com as nuanças de cada serviço". GROTTI. Dinorá Adelaide Musetti. *Teoria dos serviços públicos e sua transformação*. In: SUNDFELD. Carlos Ari (Org.). *Direito administrativo econômico*. Malheiros. São Paulo: 2000. p. 57-58.

69 ARRUDA CÂMARA, Jacintho. *Tarifa nas concessões*. Malheiros. São Paulo: 2009. p. 173.

> de que a concessionária possa se valer de nova fonte de receita paralela à concessão, não prevista anteriormente[70].

Nesses casos, caberá ao Poder Concedente, no exercício de seu poder discricionário, escolher outra forma de recomposição desse equilíbrio, então rompido.

Além das hipóteses em que a revisão da tarifa se mostrar insuficiente frente à necessidade de recomposição do equilíbrio econômico-financeiro, é comum que essa modalidade de compensação afete a modicidade tarifária. Em virtude desse raciocínio entendemos inadequada a priorização da alteração tarifária, devendo o administrador escolher dentre as formas aquela mais adequada à recomposição no caso concreto, sem que haja hierarquia entre elas.

1.3.2. Indenização do Poder Concedente

A indenização do Poder Concedente é a forma de compensação que determina o pagamento à concessionária pelo prejuízo sofrido[71]. É meio mais rápido e talvez o mais eficiente de recomposição. Pode promover o reequilíbrio no momento em que se der seu rompimento, ou ao final da concessão, caso ainda haja o que compensar.

Porém, há pontos que devem ser considerados na adoção dessa forma de recomposição. Se o Poder Concedente se preocupou em delegar o serviço à iniciativa privada, é possível que não pretendesse dispender recursos com sua prestação[72].

De igual maneira, é possível que as leis orçamentárias não prevejam o dispêndio de tal valor pelo erário, o que impede o seu pagamento enquanto não incluído regularmente no orçamento[73].

---

70 ANDRADE, Letícia Queiroz de. *Teorias das relações jurídicas da prestação de serviço público sob regime de concessão*. Malheiros São Paulo: 2015. p. 216.

71 Supondo-se que o desequilíbrio opere em favor do concessionário, e não o contrário.

72 Marçal Justem Filho apresenta como alternativa a essa modalidade a "atribuição, ao particular, por meio de dação em pagamento, de outros bens públicos, diversos de moeda". JUSTEN FILHO, Marçal. *Teoria geral das concessões de serviço público*. Dialética. São Paulo: 2003. p. 407.

73 A Lei de Responsabilidade Fiscal, lei complementar n. 101/2000 deve ser sempre respeitada. Em seus termos: Art. 16 – "A criação, expansão ou aperfeiçoamento de ação governamental que acarrete aumento da despesa será acompanhado de:

Além disso, essa modalidade de recomposição pressupõe a participação de todos os contribuintes, que geram os recursos públicos, não apenas dos usuários do serviço. Ademais, o valor destinado à recomposição poderia ter destinação diversa, em outras finalidades a cargo do Estado.

Um dos propósitos da prestação de serviço delegada ao particular é a transferência do custo dessa prestação ao usuário do serviço, não o generalizando para todos os contribuintes, por meio do dispêndio de recursos públicos, tradicionalmente escassos. Recompor o equilíbrio contratual a partir do erário, salvo se por valor pouco significativo, contradiz as razões da prestação do serviço por meio de contrato de concessão. Pode prejudicar, assim, contribuintes e demais setores econômicos[74].

1.3.3. Alteração nas obrigações da concessionária

A alteração nas obrigações da concessionária pode ser uma forma de recomposição do equilíbrio econômico-financeiro, conferindo a possibilidade de adição ou subtração de investimentos previstos contratualmente. Discorre Jacintho Arruda Câmara:

I - estimativa do impacto orçamentário-financeiro no exercício em que deva entrar em vigor e nos dois subseqüentes; II - declaração do ordenador da despesa de que o aumento tem adequação orçamentária e financeira com a lei orçamentária anual e compatibilidade com o plano plurianual e com a lei de diretrizes orçamentárias. § 1o Para os fins desta Lei Complementar, considera-se: I - adequada com a lei orçamentária anual, a despesa objeto de dotação específica e suficiente, ou que esteja abrangida por crédito genérico, de forma que somadas todas as despesas da mesma espécie, realizadas e a realizar, previstas no programa de trabalho, não sejam ultrapassados os limites estabelecidos para o exercício; II - compatível com o plano plurianual e a lei de diretrizes orçamentárias, a despesa que se conforme com as diretrizes, objetivos, prioridades e metas previstos nesses instrumentos e não infrinja qualquer de suas disposições.

74 "Não se pode reduzir o direito ao equilíbrio econômico-financeiro do contrato a eventual indenização a ser composta depois de décadas de litígios. Raciocínios como este desprezam o que está por detrás do contrato de concessão: a definição, legal e administrativa, do modo de prestação adequada de um serviço público. Ao se falar de indenização não se pensa em prestação do serviço, mas em lucros cessantes e danos emergentes. Reequilíbrio e indenização são conceitos antagônicos: o primeiro presta-se a manter o respectivo serviço público; o segundo, a indenizar o concessionário pelo inadimplemento contratual do concedente. Pois a Lei Geral de Concessões celebra o dever de adimplemento contratual por meio da prestação adequada do serviço". MOREIRA, Egon Bockmann. *Direito das concessões de serviço público*. Inteligência da Lei 8.987/1995. Malheiros. São Paulo: 2010. p. 384.

> É possível que, por exemplo, ao invés de aumentar tarifas (...) busque desonerá-la de alguns encargos, possibilitando, assim, o retorno à situação de equilíbrio[75].

Essa forma de recomposição pode ser interessante, a depender do serviço e de suas condições de prestação. Verificando o Poder Concedente existirem obras ou obrigações previstas em contrato que possam ser adiadas ou suprimidas sem prejuízo da prestação do serviço, a alteração de cronograma se faz não apenas possível, mas recomendável. Assim, no exercício de seu poder discricionário, pode o Poder Concedente escolhê-la como forma de recomposição do equilíbrio econômico-financeiro dos contratos de concessão.

Entretanto, se o contrato de concessão carece de recomposição, é possível que uma das hipóteses desse desequilíbrio tenha sido a determinação de novos encargos pelo Poder Concedente, ou ainda, a ocorrência de eventos imprevisíveis ou, até mesmo, previsíveis, mas de consequências incalculáveis, que tenham afetado a execução do contrato. Nesse caso, pode ser que novos investimentos não previstos inicialmente, passem a ser previstos para manutenção da prestação adequada do serviço, conforme determina a Lei 8.987/1995.

Imaginando esse cenário, é possível que a concessionária não possa ser dispensada de muitas de suas obrigações, ou porque as inicialmente estabelecidas não se fizeram suficientes, cabendo ao Poder Concedente a determinação de outras mais, ou, porque, surpreendido por álea extraordinária, alteração unilateral ou *fato do príncipe*, caiba atender a ainda mais obrigações, para que possa garantir a execução contratual.

Nesses casos, a alteração nas obrigações da concessionária pode se mostrar indesejável à própria concretização do interesse público prestigiado pela prestação do serviço.

Além disso, se a recomposição em questão se fizer necessária ao final do contrato, provavelmente não haverá mais obrigação relevante cujo adiamento ou exclusão seja apta a compensar as perdas impostas à concessionária.

Cabe ainda analisar se a redução das obrigações contratuais pode ser forma eficiente na recomposição contratual. Isso porque as obrigações

---

75 ARRUDA CÂMARA, Jacintho. *Tarifa nas concessões*. Malheiros. São Paulo: 2009. p. 172.

estipuladas devem ser cumpridas pela própria natureza do contrato e necessidade inerente à prestação do serviço. Portanto, a concessionária pode ser eximida apenas em casos nos quais a supressão ou adiamento do cumprimento da obrigação não acarrete prejuízo irreparável ao interesse público.

Já no caso de desequilíbrio em favor do Poder Concedente, a criação ou antecipação de encargos pode ser método eficiente de recomposição contratual, desde que existam obrigações que sejam determinantes e úteis ao interesse público a serem impostas ao contrato, justificando a compensação.

1.3.4. Redução da contraprestação paga à Administração

A Lei n. 8.987/1995 estabelece como possível critério de julgamento dos procedimentos licitatórios a maior oferta de pagamento pela outorga[76].

Os contratos de concessão de rodovias do Estado de São Paulo são comumente outorgados de forma onerosa. Ou seja, a concessionária se obriga a pagar determinado valor ao Poder Concedente como contraprestação ao direito de explorar do serviço concedido[77].

O valor pela outorga pode ser fixo, conforme estabelecido na proposta vencedora ou no edital, ou variável, em função da receita obtida. Há ainda a possibilidade de combinação das duas espécies[78].

Nesses casos, em que há previsão de pagamento da concessionária ao Poder Concedente, principalmente quando a outorga ou contribuição for parcelada ao longo de toda a execução contratual, uma das possibilidades de recomposição do equilíbrio econômico-financeiro pode ser a redução do pagamento desses valores.

---

76 Lei n. 8.987/1995: Art. 15 – "No julgamento da licitação será considerado um dos seguintes critérios: [...] II - a maior oferta, nos casos de pagamento ao poder concedente pela outorga da concessão"

77 JUSTEN FILHO, Marçal. *Teoria geral das concessões de serviço público*. Dialética. São Paulo: 2003. p. 259.

78 No contrato de concessão do aeroporto de Guarulhos constam as seguintes cláusulas: "1.1.15. Contribuição Fixa: montante a ser pago em decorrência da oferta realizada no Leilão objeto da presente Concessão, nos termos e condições estabelecidos na Cláusula 2.13, cuja redação foi alterada pelo Termo Aditivo nº 002/2017, de 15 de dezembro de 2017.

1.1.16. Contribuição Variável: montante anual resultante da aplicação de alíquota sobre a totalidade da Receita Bruta da Concessionária e de suas eventuais subsidiárias integrais".

É evidente que nem sempre será razoável esta hipótese. Como demonstrado, em cada forma de recomposição uma dificuldade pode ser encontrada. Se assim não o fosse, haveria uma fórmula genérica aplicável a qualquer caso. Existe a possibilidade de o Poder Concedente contar com a entrada desse montante para fazer frente a determinada situação.

Porém, havendo disponibilidade fiscal, esta é uma alternativa a ser considerada como forma de recomposição, sendo uma das que oferece menor impacto ao contrato como um todo, sem alteração de prazo ou tarifa, garantindo o não prejuízo a qualquer das partes: Poder Concedente, concessionária e usuário[79].

1.3.5. A possibilidade de alteração na contraprestação pública, no caso das Parcerias Público-Privadas

A Lei n. 11.079/2004 estabeleceu novas modalidades de concessão, as denominadas Parcerias Público-Privadas – "PPP". Essas concessões têm em comum a participação do Estado, na figura de Poder Concedente, na remuneração da concessionária prestadora de serviço público. Na definição da própria Lei:

> Art. 2º Parceria público-privada é o contrato administrativo de concessão, na modalidade patrocinada ou administrativa.
>
> § 1º Concessão patrocinada é a concessão de serviços públicos ou de obras públicas de que trata a Lei no 8.987, de 13 de fevereiro de 1995, quando envolver, adicionalmente à tarifa cobrada dos usuários contraprestação pecuniária do parceiro público ao parceiro privado.
>
> § 2º Concessão administrativa é o contrato de prestação de serviços de que a Administração Pública seja a usuária direta ou indireta, ainda que envolva execução de obra ou fornecimento e instalação de bens.

É possível que esses valores sejam utilizados como ferramenta de recomposição do equilíbrio econômico-financeiro dos contratos de PPP. Pode essa contribuição ser ampliada ou reduzida, de acordo com a necessidade de recomposição em favor de uma ou outra parte[80].

---

[79] JUSTEN FILHO, Marçal. *Teoria geral das concessões de serviço público*. Dialética. São Paulo: 2003. p. 405.

[80] Além da contraprestação ordinária, a Lei de PPP prevê, também, a possibilidade de aportes do Poder Concedente: Art. 6º - "§ 2º O contrato poderá prever o aporte

Da mesma forma tratada no item anterior, essa alteração não depende exclusivamente da discricionariedade da Administração Pública, mas também da viabilidade da alteração como forma de recomposição e da possibilidade de alocação de recursos.

1.3.6. Indenização a cargo da futura concessionária

No caso de término do contrato sem amortização de todos os investimentos, fica o Poder Concedente responsável pela compensação da concessionária, seja por meio de indenização, seja pela aplicação de outra forma de recomposição do equilíbrio econômico-financeiro que se encontrar rompido.

O artigo 42, §6º, da Lei n. 8.987/1995[81], admite o pagamento dessa indenização por parte da próxima concessionária, ao assumir a prestação do serviço. O encargo para essa indenização seria previsto na próxima licitação da prestação do serviço.

O risco de implementação dessa forma de recomposição seria admitir que fosse conferida à então concessionária uma vantagem sobre a licitação futura da mesma prestação de serviço.

Pedro Gonçalves adverte sobre a possibilidade de preferência conferida, na licitação, à concessionária anterior. Poderia essa medida provocar uma perpetuação dessa concessionária na prestação do serviço e, assim, infringir o princípio da concorrência. Entendemos que o autor se refere ao princípio licitatório e à isonomia dele derivada[82].

1.3.7. Alteração de prazo do contrato de concessão

A alteração de prazo do contrato de concessão – extensão, quando operada em favor da concessionária – ocorre através da estimativa de quanto tempo a mais de concessão seria necessário para que a concessionária

---

de recursos em favor do parceiro privado para a realização de obras e aquisição de bens reversíveis, nos termos dos incisos X e XI do caput do art. 18 da Lei no 8.987, de 13 de fevereiro de 1995, desde que autorizado no edital de licitação, se contratos novos, ou em lei específica, se contratos celebrados até 8 de agosto de 2012".

81 Art. 42 – "§ 6º Ocorrendo acordo, poderá a indenização de que trata o § 5º deste artigo ser paga mediante receitas de novo contrato que venha a disciplinar a prestação do serviço".

82 GONÇALVES, Pedro. *A concessão de serviços públicos*. Almedina. Coimbra: 1999. p. 329.

seja devidamente compensada. A remuneração excedente é que opera essa compensação.

Para isso, deve ser calculado o valor do desequilíbrio e a concessionária deve continuar recebendo a remuneração tarifária normal do contrato durante sua extensão. Feito esse cálculo, dilata-se o prazo inicialmente previsto na exata quantidade de tempo necessária a essa recomposição.

Por ser tema central deste estudo, este tópico não será aprofundado. O objetivo, nesta oportunidade, é apenas configurá-la como uma das formas de recomposição do equilíbrio econômico-financeiro cuja previsão se assemelha à das demais.

1.4. A escolha da forma de recomposição do equilíbrio econômico-financeiro dos contratos de concessão

Apresentadas algumas das formas de recomposição do equilíbrio econômico-financeiro[83] surge a dúvida quanto ao critério de aplicação dessas medidas.

Entendemos ter o Poder Concedente discricionariedade na escolha do meio de recomposição. Como mencionado, há doutrinadores que acreditam na supremacia da alteração tarifária em detrimento das demais formas, sendo as demais formas cabíveis apenas quando aquela se tornar insustentável ou não cumprir com a função de gerar remuneração excedente ao particular.

A alteração tarifária é, de fato, a única forma prevista em lei para recomposição do equilíbrio contratual. Contudo, estabelecê-la como prioritária em virtude disso pode prejudicar outro preceito constitucional, da modicidade de tarifas, previsto no artigo 6º da Lei de Concessões, n. 8.987/1995[84].

---

83 As formas analisadas de recomposição foram apenas algumas das principais formas possíveis. Outras ainda são previstas. A Lei n. 8.987/1995 prevê, em seu artigo 11, a possibilidade de complementação da remuneração do concessionário por meio de receitas acessórias, complementares, projetos associados, entre outras.

A Lei de Parcerias Público-privadas, n. 11.079/2004, prevê, em seu artigo 6º, § 2º, a possibilidade de aportes do Poder Público ao contrato para realização de investimentos, que, uma vez realizados com esses recursos não serão motivo de desequilíbrio contratual.

84 Art. 6º - "Toda concessão ou permissão pressupõe a prestação de serviço adequado ao pleno atendimento dos usuários, conforme estabelecido nesta Lei, nas normas pertinentes e no respectivo contrato. § 1º Serviço adequado é o que satisfaz as

A modicidade tarifária deve ser respeitada pelo Poder Concedente não apenas durante a execução do contrato, mas em situações de recomposição contratual, prorrogação e outras que possam surgir ao longo da prestação do serviço pela concessionária.

Da mesma forma, os demais mecanismos de recomposição do equilíbrio econômico-financeiro podem se mostrar insuficientes ou incapazes de atingir sua finalidade, a depender do caso concreto.

As indenizações e contraprestações públicas podem esbarrar nas diretrizes e previsões orçamentárias. As alterações de cronogramas ou redução de obrigações podem se mostrar insuficientes a depender da demanda pelo serviço.

A extensão de prazo, tema que será aprofundado no próximo capítulo, também apresenta suas dificuldades.

Portanto, não se pode dizer que uma forma é mais ou menos adequada ou eficaz que as demais. Cabe ao administrador, no exercício de seu poder discricionário, avaliar a melhor em função do caso concreto. Deve considerar as previsões contratuais, legais, os princípios constitucionais a que deve obediência, como modicidade e licitação, e o prestígio ao interesse público atendido pela prestação do serviço.

Nas palavras de Luís Roberto Barroso:

> Assim, tendo em conta (i) o fim a ser atingido – reequilibrar economicamente o contrato –, (ii) os diferentes mecanismos disponíveis e a necessidade de preservar o interesse dos usuários de forma geral e, especificamente, a modicidade das tarifas, o administrador deverá optar pela solução que produza o melhor equilíbrio entre os diferentes interesses. Como é fácil perceber, a decisão, para além dos elementos jurídicos, dependerá de forma importante dos elementos do caso concreto[85].

Nesse aspecto, coloca-se a dúvida a respeito da pertinência e legalidade da alteração de prazo como forma de recomposição em determinados casos, a considerar suas peculiaridades. Por isso, a partir deste ponto, o presente

---

condições de regularidade, continuidade, eficiência, segurança, atualidade, generalidade, cortesia na sua prestação e modicidade das tarifas".

[85] BARROSO, Luís Roberto. *Alteração dos contratos de concessão rodoviária.* In: OLIVEIRA, Farlei Martins Riccio. *Direito administrativo Brasil – Argentina. Estudos em homenagem a Agustín Gordillo.* Del Rey. Belo Horizonte: 2007. p. 274.

estudo passa a analisar as situações em que a prorrogação e a extensão são cabíveis e se, em algum momento, elas se confundem em sua aplicação.

1.5. Conclusões parciais

O equilíbrio econômico-financeiro é inerente aos contratos administrativos e tem importante expressão nos contratos de concessão, especificamente. Por serem esses contratos avenças de longo prazo, cuja multiplicidade de interesses se impõe ao longo da execução contratual, a mutabilidade se faz presente quase sempre.

No decorrer dessa execução, as condições socioeconômicas consideradas pelas partes no momento em que firmaram suas obrigações podem se alterar, assim como o interesse público que orienta a prestação do serviço, demandando da Administração Pública a determinação de alteração unilateral do contrato de concessão.

Como analisado, existe mais de uma forma de rompimento do equilíbrio econômico-financeiro que enseja recomposição no Direito brasileiro.

Este estudo parte desse momento da execução contratual: o rompimento da equação econômico-financeira estabelecida entre as partes quando da celebração do contrato. A partir de então, caberá ao Poder Concedente avaliar, discricionariamente, a melhor forma de recomposição desse equilíbrio econômico-financeiro.

As formas de recomposição não se encontram previstas em nenhum ato normativo, mas são aceitas na doutrina. Por terem fundamento na própria intangibilidade do equilíbrio econômico-financeiro dos contratos, é válido dizer que a Constituição Federal as legitima.

Cada forma de recomposição implica vantagens e desvantagens. Algumas produzem redução do erário, por vezes não prevista, outras podem ferir a modicidade tarifária ou, ainda, afetar o princípio licitatório garantido na Carta Magna, entre outras particularidades que podem dificultar a aplicação de cada uma.

Assim, cabe ao Poder Concedente considerar cada caso concreto, avaliando, sob a égide do interesse público, a melhor solução a cada uma das situações que a ele se apresentem, combinando, quando necessário, mais de uma forma de recomposição.

A prorrogação de prazo nos contratos de concessão de serviço público

Conforme descrito em capítulo anterior, a dilação de prazo dos contratos de concessão de serviço público pode ocorrer por mais de uma razão. Para fins didáticos deste estudo, nomearemos como prorrogação em sentido estrito a dilação de prazo cuja finalidade seja atenção ao interesse público, segundo conveniência e oportunidade da Administração Pública no exercício de seu poder discricionário.

Antes de aprofundar no tema a que este estudo diz respeito, este capítulo se atém à descrição dessa espécie de dilação de prazo contratual. Apesar de não ser o escopo principal deste estudo, a conceituação e definição dos limites de cada uma das situações pode ser mais simples a partir da distinção dos regimes jurídicos de aplicação de cada uma delas.

Embora não sejam detalhadas todas as particularidades da prorrogação, entendemos que o panorama geral será suficiente à definição de suas possibilidades de aplicação.

Ou seja, pode-se dizer que a tarefa de definir a alteração de prazo se torna menos árdua a partir da conceituação da prorrogação em sentido estrito, que permite evidenciar as hipóteses cabíveis a cada possibilidade de dilação de prazo. Assim, as condições de aplicação de cada uma se apresentam com maior naturalidade.

2.1. A prorrogação de prazo contratual em sentido estrito, ou prorrogação por conveniência

Tem-se na Constituição Federal, em seu artigo 175, e na legislação vigente, a possibilidade de prorrogação de prazo dos contratos de concessão[86].

---

86 A Lei de Concessões, n. 8.987/1995, em seu Art. 23 - "São cláusulas essenciais do contrato de concessão as relativas: [...] XII - às condições para prorrogação do contrato;"

Prorrogar um contrato é aumentar-lhe o período de vigência, com relação ao inicialmente pactuado. A título didático, neste estudo, como já exposto, limitaremos o termo "prorrogação" somente ao aumento de prazo de forma estrita, ou seja, quando ocorre por juízo de conveniência e oportunidade, em vista a atender o interesse público demandado.

> A prorrogação ou renovação da concessão é medida consensual, aceita pelo Estado com base em poder discricionário que lhe é conferido constitucionalmente. Destina-se a manter o serviço público em mãos de quem tenha demonstrado capacidade e idoneidade para dele cuidar, evitando os riscos de uma transição desastrada para um novo prestador. Sua justificativa é, portanto, o interesse público, não o direito de o concessionário completar a amortização do capital investido. Embora se devam respeitar os termos e condições oriundos da licitação e do contrato original, a prorrogação é quase um contrato derivado, com relativa autonomia.[87].

A prorrogação é cabível, portanto, em situações nas quais o Poder Concedente, no exercício de seu poder discricionário e, prestigiando o interesse público atendido pela prestação de serviço, considerar conveniente e oportuna a continuidade de tal contrato[88].

Reforçamos ainda mais a ideia de que o interesse público deve ser prestigiado, não podendo o Poder Concedente agir de forma arbitrária na determinação da continuidade do contrato além de seu prazo original. Para Egon Bockmann Moreira, a prorrogação apenas excepciona a regra constitucional que determina a realização de certame licitatório para prestação de serviços públicos[89].

No caso da Lei Paulista de Concessões, n. 7.835/1992, anterior à própria lei geral, fica estabelecido: Artigo 8º - "São cláusulas essenciais no contrato as relativas a: [...] XX - possibilidade de prorrogação do prazo da concessão, desde que prevista no edital de licitação;"

87 SUNDFELD, Carlos Ari, ARRUDA CÂMARA, Jacintho. SOUZA, Rodrigo Pagani de. *Concessão de serviço público: limites, condições e consequências da ampliação dos encargos da concessionária*. In: OLIVEIRA, Farlei Martins Riccio (coord). *Direito Administrativo Brasil – Argentina: estudos em homenagem a Agustín Gordillo.* Belo Horizonte: 2007. p. 43.

88 O exercício do poder discricionário não exime, porém, a Administração de seu dever de motivar seus atos, esclarecendo a atenção a interesse público em cada caso.

89 MOREIRA, Egon Bockmann. *Direito das concessões de serviços públicos. Inteligência da Lei 8.987/1995.* Malheiros. São Paulo: 2010. p. 133.

Dessa forma, tendo a concessionária prestado o serviço, executado o contrato na medida de suas obrigações e de forma coerente com o interesse público por ele tutelado, e, principalmente, havendo o interesse na manutenção da prestação sob sua titularidade, poderá haver prorrogação desse contrato, em detrimento da realização de novo procedimento licitatório para outorga da prestação de serviço a outro particular. Desde que suas particularidades sejam respeitadas.

Na concretização da prorrogação em sentido estrito é possível que algumas cláusulas e obrigações contratuais sejam revistas, na medida em que os encargos iniciais podem ter sido cumpridos e pode ser parte do interesse público a inserção de novos investimentos no contrato, como explicaremos adiante[90].

Essa, contudo, não é uma necessidade; pelo contrário, é exceção. O conceito de prorrogação é, basicamente, prolongar algo que já existe. Nesse caso, garantir a continuidade do contrato até então em vigor. A Lei de Licitações e Contratos Administrativos, n. 8.666/1993, prevê, por exemplo, em seu artigo 57, §1º, a possibilidade de prorrogação contratual, desde que mantidas as cláusulas do contrato e o equilíbrio econômico-financeiro[91].

---

90 Apesar de prorrogado o contrato, não perde a Administração seu direito suas prerrogativas legalmente admitidas, no curso desse segundo período contratual, como por exemplo, a possibilidade de encampação do serviço, caso o interesse público combinado ao juízo de conveniência e oportunidade se altere e não seja mais vantajosa à Administração manutenção da prestação desse serviço pelo concessionário privado.

91 Lei n. 8.666/1993, Art. 57 – "§ 1º Os prazos de início de etapas de execução, de conclusão e de entrega admitem prorrogação, mantidas as demais cláusulas do contrato e assegurada a manutenção de seu equilíbrio econômico-financeiro, desde que ocorra algum dos seguintes motivos, devidamente autuados em processo: I - alteração do projeto ou especificações, pela Administração; II - superveniência de fato excepcional ou imprevisível, estranho à vontade das partes, que altere fundamentalmente as condições de execução do contrato; III - interrupção da execução do contrato ou diminuição do ritmo de trabalho por ordem e no interesse da Administração; IV - aumento das quantidades inicialmente previstas no contrato, nos limites permitidos por esta Lei; V - impedimento de execução do contrato por fato ou ato de terceiro reconhecido pela Administração em documento contemporâneo à sua ocorrência; VI - omissão ou atraso de providências a cargo da Administração, inclusive quanto aos pagamentos previstos de que resulte, diretamente, impedimento ou retardamento na execução do contrato, sem prejuízo das sanções legais aplicáveis aos responsáveis".

Aqui estipulada como prorrogação apenas, prorrogação por conveniência ou prorrogação em sentido estrito, essa modalidade de dilação de prazo se perfaz, em alguns casos, a partir do cumprimento de determinadas exigências contratuais que conferem à concessionária maior prazo na prestação do serviço.

Porém, desde que esta decisão atenda ao interesse público que condicionou a concessão como meio de prestação de determinado serviço público, a partir de juízo discricionário de conveniência e oportunidade da Administração Pública, figurando como Poder Concedente[92].

Sua racionalidade, então, decorre, simplesmente, do interesse público na continuidade do contrato, determinada pelo juízo de conveniência e oportunidade da Administração Pública[93].

Em Portugal, segundo Pedro Gonçalves, é admissível a prorrogação tácita do contrato, quando fixado em lei o prazo de vigência (a previsão contratual é insuficiente). Esta somente pode ser evitada quando a decisão de não prorrogar tiver sido previamente comunicada[94].

Outra figura presente no Direito português é a renovação do contrato, a partir da qual obrigações e cláusulas são totalmente revistas e estabelecidas ao mesmo prestador do serviço, de forma consensual, promovendo um "contrato adicional"[95].

No Brasil, entendemos que a existência dessas figuras desrespeitaria o princípio licitatório, mas são de importante explanação para comparação dos institutos.

---

92 Na prorrogação por conveniência da Administração e do interesse público, encontra-se também a prorrogação antecipada prevista na Lei n. 13.448/2017, que será tratada no momento oportuno, mas que, apesar de apresentar como fundamento o mesmo juízo discricionário da Administração, tem por característica a inserção de novos investimentos e concretização anterior ao termino do contrato de concessão.

93 CANTO, Mariana Dall'agnol; GUZELA, Rafaella Peçanha. *Prorrogações contratuais em contratos de concessão*. In: MOREIRA, Egon Bockmann (Org.). *Contratos administrativos, equilíbrio econômico-financeiro e a taxa interna de retorno. A lógica das concessões e Parcerias Público-Privadas.* Fórum. Belo Horizonte: 2017

94 GONÇALVES, Pedro. *A concessão de serviços públicos*. Almedina. Coimbra: 1999. p. 327.

95 GONÇALVES, Pedro. *A concessão de serviços públicos*. Almedina. Coimbra: 1999. p. 328.

Retomando a prorrogação em sentido estrito prevista no Direito brasileiro, é importante existir respaldo contratual, ou seja, que tenha sido prevista no instrumento convocatório e no contrato de concessão firmado entre as partes[96].

Em determinadas situações, exige-se que as obrigações contratuais estejam devidamente adimplidas, mas é imprescindível que o interesse público seja atendido pela prorrogação, garantindo economicidade e eficiência, além da adequação na prestação do serviço requerida pela Lei de Concessões e pelo contrato de concessão[97].

Floriano de Azevedo Marques Neto, a respeito da prorrogação em sentido estrito:

> A prorrogação é a previsão de um novo prazo de concessão que projeta o plexo de direitos e obrigações subjacente a ela para um novo período, igual ou inferior ao inicial[98].

Segundo o autor, a prorrogação não poderá se dar por prazo superior ao inicialmente estabelecido em contrato. Isto é, não é possível admitir que, por meio da prorrogação contratual, a execução "posterior" desse contrato supere aquela inicial, pactuada na assinatura do contrato de concessão.

---

96 Alguns autores referem-se à impossibilidade da "prorrogação" em branco, que seria uma forma de prorrogação prevista em contrato, mas sem qualquer condição ou referência que permita vinculá-la ao interesse público. Consideram assim, arbitrariedade do Poder Concedente, não simples discricionariedade. ARAGÃO. Alexandre Santos de. *Direito dos serviços públicos*. 4ª ed. Fórum. Belo Horizonte: 2017. p. 439; TORGAL, Lino. *Prorrogação do prazo de obras e de serviços públicos*. 2011. Apud CANTO, Mariana Dall'agnol; GUZELA, Rafaella Peçanha. *Prorrogações contratuais em contratos de concessão*. In: MOREIRA, Egon Bockmann (Org). *Contratos Administrativos, equilíbrio econômico-financeiro e a taxa interna de retorno. A lógica das concessões e Parcerias Público-Privadas*. Fórum. Belo Horizonte: 2017. p

97 Floriano de Azevedo Marques Neto acredita que o ideal, no caso da prorrogação, é o estabelecimento prévio, em contrato, das condições para efetivação da prorrogação, bem como seu limite, garantindo, desde o certame licitatório a transparência e consequente isonomia entre os licitantes. MARQUES NETO, Floriano de Azevedo. *Concessões*. Fórum. Belo Horizonte: 2015. p. 166.

98 MARQUES NETO, Floriano de Azevedo. *Concessões*. Fórum. Belo Horizonte: 2015. p. 167.

Para o Floriano de Azevedo Marques Neto, inclusive, a prorrogação não é, naturalmente, forma de recomposição de equilíbrio contratual, mas sim de provocação de desequilíbrio. Uma vez que a concessionária poderá explorar por mais tempo a prestação do serviço, sua remuneração será além daquela inicialmente estabelecida, em alguns casos superando o necessário ao reequilíbrio.

Sendo assim, pode provocar um desequilíbrio em favor do Poder Concedente e, por isso, defende que a prorrogação seja acompanhada de novos investimentos e aportes.

> Ela [prorrogação] é, em si, um fator de desequilíbrio contratual, e não de reequilíbrio. Explico. A presunção subjacente à concessão é que o particular satisfaça sua perspectiva de ganho explorando o objeto concedido pelo prazo originalmente pactuado. [...] Presumindo, porém, que a exploração se deu de modo suficiente a atingir a perspectiva original do particular, a prorrogação traz para ele a possibilidade de prosseguimento na exploração da utilidade concedida, o que certamente acarreta a necessidade de novos dispêndios (custos operacionais, custos de reposição, custos de formação de excedentes para atendimento de demanda acrescida), mas também o alargamento do seu potencial de ganhos[99].

Estando, portanto, o contrato original em situação de regularidade quanto às amortizações e ao equilíbrio econômico-financeiro, e, havendo decisão discricionária do Poder Concedente em prorrogá-lo, algumas condições podem ser revistas para que a concessionária não receba remuneração além do razoável.

Essa alteração pode ser a partir da inclusão de novos investimentos, que agreguem à prestação do serviço, em redução tarifária ou outras condições que garantam a proporção da equação econômico-financeira.

Porém, o estabelecimento de termos totalmente distintos daqueles que foram inicialmente pactuados não seria admissível, pois aí haveria a concretização do instituto da novação, garantindo à concessionária prestadora de serviço um novo contrato, sem que tenha havido certame licitatório para esta contratação. Isso acarretaria a violação ao princípio da concorrência garantido na Constituição Federal.

---

[99] MARQUES NETO, Floriano de Azevedo. *Concessões.* Fórum. Belo Horizonte: 2015. p. 168.

É possível que novas condições sejam estabelecidas para a prestação do serviço original, considerando a não existência de obrigações repetitivas, como os investimentos iniciais. O objeto central do contrato quanto ao serviço a ser prestado deve, porém, ser mantido[100].

É importante ressaltar a impossibilidade de admissão de realização de prorrogações sucessivas e infinitas do contrato de concessão. Tal prática atentaria contra a própria natureza desse instituto, cuja finalidade é a temporalidade, que confira a livre concorrência e isonomia entre particulares na escolha do prestador do serviço e a garantia de titularidade do serviço nas mãos do Estado.

Além disso, admitir prorrogações sucessivas seria atentar contra o princípio licitatório previsto na Constituição Federal, aqui já mencionado, que determina a necessidade de realização de certames concorrenciais na hipótese de prestação de serviços públicos por meio de contratos de concessão.

Rafael Bielsa define a importância do princípio licitatório como procedimento de escolha de um prestador de serviços públicos:

> Os benefícios de uma ordem de licitação se unem a um princípio constitucional, que é o da igualdade de proponentes, pois, geralmente, os serviços públicos são prestados na forma de monopólios, ou com exclusividade. A situação diferencial em que ela nasce não deve ser meramente discricionária, mas um procedimento que garanta a superioridade de condições em um concurso público realizado em pé de igualdade perante a lei. [101].

Se a prorrogação contratual for considerada um novo contrato ou prestação de serviço público sem prévio procedimento licitatório, essa prerrogativa da Administração, de prolongamento dos contratos, pode ser questionada.

---

100 Essa é uma discussão passível de aprofundamento, a possibilidade de estabelecimento de novas condições que cheguem a fazer o contrato parecer um novo contrato. Porém, como não é este o escopo deste estudo, não iremos aprofundá-la.

101 "A las ventajas de diverso orden de la licitación se une un principio de orden constitucional, y es el de la igualdade de los proponentes; pues si em general los servicios públicos se prestan em forma de monopólio, o com exclusividade, la situacion diferencial y privilegiada que de ella nace no debe ser mero acto discrecional, sino um procedimento que garantisse la superioridade de condiciones em um concurso publico realizado em pie de igualdade ante la ley". BIELSA, Rafael. *Derecho administrativo.* Tomo II. Roque Depalma. Buenos Aires: 1955. p. 167.

Em virtude desse e de outros questionamentos, alguns requisitos e condições de aplicação da prorrogação de contrato serão estudados adiante.

2.1.1. A necessidade de previsão contratual

Dentre as questões que se colocam sobre a prorrogação está a necessidade, ou não, de previsão contratual no edital e, consequentemente, no contrato. Somente a não proibição à prorrogação seria suficiente à sua admissibilidade? A esse respeito:

> Tal espécie de prorrogação (ordinária) deverá encontrar amparo contratual, seja na existência de cláusula que admita prorrogação ou na inexistência de cláusula que expressamente a vede, pois, a disciplina da matéria configura dispositivo essencial ao contrato (Lei 8.987/1995, art. 23, inc. XII) [102]

Floriano de Azevedo Marques Neto endossa o entendimento, afirmando a necessidade de previsão contratual e ressalta também a impossibilidade de concretização nas hipóteses em que o contrato a veda:

> Defendo que a prorrogação (i) deve estar prevista no pacto original e (ii) não pode ser indeterminada nem se repetir indefinidamente, devendo, preferencialmente, ocorrer uma única vez ou até o limite do prazo original. [...] Se não houver previsão, sou de opinião que ela não é possível[103].

Eis que a legislação define, no artigo 23, inciso XII, da Lei n. 8.987/1995, que deve o contrato dispor sobre eventual prorrogação de seu prazo.

Marçal Justen Filho, por sua vez, apresenta entendimento categórico de restrição à aplicação da prorrogação de forma indiscriminada:

> Somente admite-se prorrogação da concessão em situações excepcionais, sujeitas a pressupostos objetivamente estabelecidos. Vale dizer, a prorrogação não poderá ser prevista como regra, nem desvinculada da ocorrência de eventos objetivos que a justifiquem, inclusive pela impossibilidade de

---

102 CANTO, Mariana Dall'agnol. GUZELA, Rafaella Peçanha. *Prorrogações contratuais em contratos de concessão.* In: MOREIRA, Egon Bockmann (Org). *Contratos Administrativos, equilíbrio econômico-financeiro e a taxa interna de retorno. A lógica das concessões e Parcerias Público-Privadas.* Fórum. Belo Horizonte: 2017. p. 212.

103 MARQUES NETO, Floriano de Azevedo. *Concessões.* Fórum. Belo Horizonte: 2016. p. 170

> realizar a licitação. Ademais, nunca poderá ser vinculada a decisões subjetivas de agentes públicos. Assim, por exemplo, suponha-se que motivos de força maior tenham impedido a prestação dos serviços durante o prazo contratual. Por decorrência, não houve amortização dos bens reversíveis. Atingido o prazo final, o encerramento da concessão importaria necessidade de pagamento de elevada indenização do concessionário. Essa é uma hipótese que conduziria à prorrogação. Aliás, hipótese similar também está prevista para prorrogação de prazos contratuais, na Lei 8.666/1993 (art. 57, §1º)[104].

Com o devido respeito, talvez tenha sido representado, neste parágrafo, um dos problemas terminológicos apontados anteriormente. Ao estabelecer seu exemplo, no qual admitiria a prorrogação contratual, o autor menciona hipótese na qual haveria, por força maior, um desequilíbrio no contrato de concessão, que tenha frustrado a percepção de remuneração da concessionária, prevista inicialmente. Em outras situações, se colocou contra a possibilidade de prorrogação cuja finalidade não fosse o reequilíbrio, independentemente de previsão contratual[105].

Evidente, portanto, que dá à prorrogação que considera cabível o sentido exclusivo de extensão de prazo cuja finalidade seja o reequilíbrio. Dessa forma, a partir do trecho citado, é possível inferir como possível entendimento do autor a impossibilidade de prorrogação em sentido estrito.

Concordamos, porém, com o posicionamento de Floriano de Azevedo Marques Neto ao defender a prorrogação como cabível somente quando o contrato a determinar, de forma clara e suficiente, a sua aplicação. Isso porque a concessão é instituto de direito público e, sobre ele, deve incidir o princípio da legalidade estrita, que autoriza a execução apenas daquilo que estiver previsto em lei.

Ora, se o contrato, desconsiderando o artigo 23 da Lei n. 8.987/1995, deixar de estabelecer condições de prorrogação, não deve o Poder Concedente, ignorando seu silêncio eloquente, estabelecer meios de sua concretização.

Se assim o fizesse, o Poder Concedente estaria agindo como se ao instituto se aplicasse a legalidade ampla, conferida apenas ao particular;

---

104 JUSTEN FILHO, Marçal, *Concessões de serviços públicos. Comentários às Leis nº 8.987 e 9.074, de 1995*. Dialética. São Paulo: 1997. p. 271

105 JUSTEN FILHO, Marçal. *Teoria geral das concessões de serviço público*. Dialética. São Paulo: 2003. p. 268.

não a legalidade estrita, inerente ao direito público[106]. Ademais, o interesse público deve ser sempre atendido e as interpretações nesse sentido devem sempre se dar de forma estrita, de modo que privilegie o princípio da licitação, bem como o da modicidade tarifária.

Garante-se, dessa forma, que a prorrogação somente ocorra quando o interesse público for por ela abarcado, conferindo ao usuário a melhor forma de contratação possível. Nesse caso, a prorrogação, em detrimento da realização de nova licitação.

Mais especificamente, o ensinamento de Carvalho Filho se faz coincidente com a linha de pensamento deste estudo:

> É licita a prorrogação do contrato, devendo as respectivas condições figurar como cláusula essencial do ajuste. Nesse sentido, o art. 23, XII, da Lei nº 8.987. O prazo de prorrogação deve iniciar-se ao momento em que termina o prazo original. Pode ocorrer que, antes do termo final, as partes já ajustem a prorrogação, nesse caso, o concedente tem a obrigação de fundamentar, detalhada e transparentemente, as razões técnicas e administrativas que o impeliram à antecipação. Se não o fizer, ou forem inconsistentes as razões, poderá a prorrogação ser investigada pelos órgãos competentes ou pelo Ministério Público, dela emanando fundada suspeita de improbidade administrativa[107].

Celso Antônio Bandeira de Mello o endossa:

> Assim para as prorrogações suscitadas por mero interesse administrativo em dilargar o prazo da concessão para além de seu termo normal, é óbvio que seria necessária previsão legal autorizadora. A ser de outro modo, a Administração estaria agindo por fora das balizas normativas e, ademais, incorrendo em burla ao princípio da licitação, já que outros, se soubessem antecipadamente de tal possibilidade aberta pela lei e acolhida no edital, poderiam ter acorrido ao certame ou, os que acorreram, poderiam ter feito oferta distinta da que fizeram[108].

---

106 ARAÚJO, Luiz Alberto David. NUNES JÚNIOR, Vidal Serrano. *Curso de direito constitucional.* 22ª ed. Verbatim. São Paulo, 2017. p. 210.

107 CARVALHO FILHO, José dos Santos. *Manual de Direito Administrativo.* 28ª edição. Atlas. São Paulo: 2015.

108 BANDEIRA DE MELLO, Celso Antônio. *Parecer quanto à prorrogação do prazo da concessão para fins de reequilíbrio econômico-financeiro.* In: CARVALHO. André Castro de (Org.) *Contratos de concessão de rodovias: artigos, decisões e pareceres jurídicos.* ABCR. MP Editora. São Paulo: 2009. p. 57.

Rafael Munhoz de Mello traz, ainda, observação contundente. Refere-se à isonomia que deve ser buscada no certame licitatório, que justificaria a presença de cláusula de prorrogação nos casos em que se tenha essa intenção. Do contrário, a isonomia entre os licitantes restaria prejudicada:

> Tratando-se de uma hipótese de prorrogação conhecida já quando da outorga da concessão, é evidente que deve ela estar prevista no edital de licitação e no correspondente contrato, sob pena de burla à exigência constitucional de licitação. Não basta uma genérica previsão legislativa dispondo sobre a possibilidade de prorrogação da concessão, portanto. É preciso que a todos os interessados reste claro, quando da licitação, que o contrato poderá ser prorrogado ao final de um primeiro período de vigência, desde que atendidas certas condições. No silêncio do edital e do contrato de concessão não se admite a prorrogação do vínculo como prêmio ao concessionário que bem cumpriu suas obrigações[109].

É importante considerar o dispositivo da Lei de Concessões que define como cláusula essencial do contrato de concessão aquela que prevê sua prorrogação. Se o contrato, apesar disso, não previr a prorrogação contratual, não caberá ao Poder Concedente instituí-la, pois estaria agindo fora de sua competência como parte e gestor do contrato de concessão.

Inclusive, estaria o Poder Concedente infringindo princípio licitatório e, consequentemente, o princípio da isonomia, por admitir a dilação de prazo de um contrato cujo edital de licitação não previu sua prorrogação. Passa a haver disparidade entre a concessionária que terá seu contrato prorrogado e os demais licitantes, que não venceram o certame, e não poderiam ter previsto esse aumento de prazo.

Entendemos que a ausência do dispositivo se configura como "silêncio eloquente", além de haver hipóteses em que o contrato expressamente proíbe a prorrogação. Adicionalmente, se considerada a aplicação do princípio da legalidade em sentido estrito à Administração Pública: não havendo autorização contratual, derivada de prescrição legal, não se poderia falar em prorrogação.

---

109 MELLO, Rafael Munhoz de. *Prorrogação de concessão de serviço público.* Revista de Direito Público da Economia – RDPE. Ano 12, n. 46. Belo Horizonte: abr/jun 2014. p. 220.

2.1.2. A discricionariedade na determinação da prorrogação prevista contratualmente

Uma vez determinada em contrato a possibilidade de prorrogação contratual sob determinadas condições, poderia a Administração Pública deixar de "aplicar" a cláusula de prorrogação? A existência de critérios objetivos como condições à prorrogação deve interferir na decisão do Poder Concedente?

Floriano de Azevedo Marques Neto acredita que, quando as condições objetivas para a prorrogação contratual estiverem determinadas no contrato, o exercício da discricionariedade da Administração ocorre exatamente na elaboração do contrato, com o estabelecimento dessa possibilidade e de suas condições.

Dessa forma, tendo a concessionária cumprido as condições a ela impostas, deteria um direito adquirido à prorrogação contratual.

Ou seja, se a Administração, exercendo seu poder discricionário, estabeleceu o cumprimento de determinados requisitos para implantação da prorrogação do contrato de concessão. A partir do momento que se mantém em dia com a execução contratual e, além disso, cumpre as referidas condições, não caberia ao Poder Concedente negar-lhe a prorrogação.

> Se o contrato trouxer previsão da possibilidade de prorrogação vinculada ao concessionário terá adquirido o direito à prorrogação. Direito que não decorre do fato em si de ser concessionário, mas de sua expectativa de permanecer por mais um período na concessão ter se convertido em direito pela satisfação das condições originariamente estipuladas. Ou seja, prevista no contrato – pressupondo não ser vedada na lei – ela não se constitui uma discricionariedade ampla do poder concedente, pois, preenchidas as condições contratuais, o concessionário faz jus à prorrogação[110].

No caso, entende-se que a discricionariedade do Poder Concedente em determinar, ou não, a possibilidade de prorrogação contratual, teria sido exercida em momento anterior, na assinatura do contrato, com o estabelecimento de cláusulas vinculantes que confeririam à concessionária, a depender de seu cumprimento, o direito subjetivo à prorrogação.

Assim também defendem outros autores:

---

[110] MARQUES NETO, Floriano de Azevedo. *Concessões*. Ed. Fórum. Belo Horizonte: 2016. p. 169

> Em relação à possibilidade de a Administração optar e especificar, no momento da contratação, as condições necessárias para tal renovação contratual, algumas considerações são importantes. Isso porque, mediante Edital que antecipe condições em que ocorrerá a prorrogação ordinária e Contrato que as delimite criando triggers para o concessionário, o atendimento destas condições e o atingimento destes triggers torna a prorrogação ordinária um direito adquirido do concessionário[111].

Rafael Munhoz de Mello, inclusive, entende a determinação de critérios objetivos contratuais como condicionantes à prorrogação dos contratos, como forma de atenuar a discricionariedade administrativa, e, assim, consequentemente, eventuais arbitrariedades:

> Para evitar que a prorrogação seja deferida ou indeferida de modo arbitrário, sujeitando-se aos caprichos da autoridade competente do momento, é necessário que o contrato de concessão estabeleça com objetividade e precisão os critérios que nortearão a decisão a ser tomada ao final do primeiro período de vigência contratual. Não parece suficiente condicionar a prorrogação à simples execução do contrato e muito menos a uma genérica satisfação do interesse público, hipótese em que a discricionariedade do agente administrativo seria quase absoluta, seja para beneficiar concessionários que não cumpriram de modo satisfatório seus deveres contratuais, seja para prejudicar concessionários que honraram todas as suas obrigações. Como bem nota Torgal, "a cláusula que previsse uma prorrogação 'em branco' equivaleria, bem vistas as coisas, a tudo... e nada[112]".

Em um primeiro momento, conclui-se que, independentemente do estabelecimento de critérios objetivos, deveria o juízo discricionário da Administração Pública em prorrogá-lo ser exercido ao final do contrato. Assim, poderiam ser consideradas as condições socioeconômicas da época, que, provavelmente, não seriam mais as mesmas do momento em que fora assinado o contrato e definidas as condições, que certamente interferem na concretização desse juízo discricionário.

---

111 CANTO, Mariana Dall'agnol; GUZELA, Rafaella Peçanha. *Prorrogações contratuais em contratos de concessão*. In: MOREIRA, Egon Bockmann (Org.). *Contratos administrativos, equilíbrio econômico-financeiro e a taxa interna de retorno. A lógica das concessões e Parcerias Público-Privadas.* Fórum. Belo Horizonte: 2017. p. 212

112 MELLO. Rafael Munhoz de. *Prorrogação de concessão de serviço público.* Revista de Direito Público da Economia – RDPE. Ano 12, n. 46. Belo Horizonte: abr/jun 2014. p. 220.

Porém, em alguns casos, é possível que esses contratos, ao estabelecerem a prorrogação a partir do cumprimento de determinados critérios, tenham, na verdade, intenção de serem considerados em seu prazo total, incluindo a prorrogação, com uma pausa em certo ponto, para verificação do cumprimento de determinados critérios.

Segundo Arnoldo Wald:

> No presente caso [de determinado parecer], o prazo fixado foi de quinze anos, suscetível de prorrogação pelo mesmo prazo de modo que o prazo da concessão só finda após a prorrogação, sendo na realidade de trinta anos, com uma condição resolutiva depois dos quinze primeiros anos (o inadimplemento do concessionário)[113]. (grifo nosso)

Ainda assim, acreditamos que a interpretação deva se dar com certa cautela. Seria, sim, possível a estipulação de condições determinantes na aplicação de uma eventual prorrogação. Isso porque a Administração Pública estaria previamente exercendo seu poder discricionário ao definir a possibilidade de prorrogação e prever requisitos mínimos à sua aplicação. Adiantaria condições que fariam com que a prestação de serviço atendesse ao interesse público.

Porém, devem ser consideradas peculiaridades casuísticas. Do contrato a ser executado e das condições por ele estabelecidas para concretização do direito subjetivo à prorrogação. No caso de haver um detalhamento bastante objetivo, que permita definir com clareza o cumprimento ou não das condições, entendemos, sim, a prorrogação como direito adquirido da concessionária.

Do contrário, na hipótese de as condições serem genéricas o suficiente para provocarem dúvidas relevantes quanto à sua aplicação, caberá o juízo discricionário posterior à assinatura do contrato, no momento da celebração da prorrogação[114].

---

[113] WALD, Arnoldo. *Direito das Concessões*. Série Grandes Pareceristas. vol.3. América Jurídica. Rio de Janeiro: 2004. p. 189.

[114] Porém, contratos de tal complexidade e extensão podem enfrentar mais de uma realidade política, econômica e social, ao longo de sua vigência, fazendo com que o interesse público seja modificado, considerada a mutabilidade como uma de suas características. Dessa forma, poderia a Administração se comprometer com uma situação que não necessariamente ampararia o interesse público, à época do termo do contrato. Nesse caso, havendo condições específicas de prorrogação, que

É possível, portanto, que o Poder Concedente estabeleça condições objetivas para a realização da prorrogação, para que o direito à prorrogação da concessionária somente possa ser exercido quando atingidas tais condições, desde que sejam específicas e claras o suficiente, principalmente no que diz respeito ao cumprimento das obrigações contratuais.

Importante mencionar recente acórdão do Supremo Tribunal Federal[115], no qual indeferiu o direito à prorrogação de contrato de concessão no setor elétrico, da Companhia Cemig, mesmo diante do cumprimento de condições objetivas, previstas no contrato, para a prorrogação.

O Supremo decidiu ser a prorrogação um ato discricionário da Administração Pública, não podendo a concessionária requerer esse direito como adquirido. Contudo, no caso em tela, houve a publicação de lei posterior que alterou as condições inicialmente estabelecidas no contrato de concessão.

Além disso, a empresa não quis aderir ao novo regime, o que seria requisito para concretização da prorrogação. Nesse caso, por mais que se deva respeito ao previsto em contrato, não se pode admitir que a lei seja desobedecida em virtude de prescrições contratuais.

Entendemos tratar esse caso de situação específica, não necessariamente coincidente com outra qualquer em que se estabeleçam condições objetivas à prorrogação de contrato de concessão de serviço público. Portanto, não afeta diretamente o pensamento deste estudo, mas sinaliza para possível entendimento futuro do Supremo.

2.1.3. Limites à prorrogação contratual

A Constituição Federal consagra também, em seu artigo 37, inciso XXI, o princípio da licitação, garantidor da isonomia, essencial à forma de Governo estabelecida no Brasil. Ao se referir às concessões, a Carta Magna reforça a necessidade de licitação para outorga da prestação dos serviços públicos, no artigo 175.

Posto isso, toda prorrogação de contrato administrativo vem acompanhada do receio, e do risco, de se atentar contra este princípio.

---

confiram o direito subjetivo ao concessionário, e ainda assim não for de interesse da Administração Pública prorrogá-lo, poderá alterar o contrato unilateralmente, desobrigando-se da realização da prorrogação, desde que recomponha o equilíbrio econômico-financeiro do concessionário se ficar provado que este se rompeu.

[115] Recurso Ordinário em Mandado de Segurança n. 34203/DF. Rel. Min. Dias Toffoli. J. 21.05.2018.

Consequentemente, a primeira preocupação que se coloca a esse respeito é o limite que deve ser estabelecido para tanto.

A temporalidade da concessão é uma de suas características fundamentais, inclusive no que diz respeito à atenção ao princípio licitatório[116]. A partir dessa forma contratual, o Estado não pretende passar ao particular a propriedade ou titularidade da prestação do serviço. Pelo contrário, pretende que o serviço seja prestado por um particular durante certo período, apenas.

Para instituir uma concessão de serviço público é necessário realizar certame licitatório que confira igualdade de condições a todos os particulares interessados.

Estabelecer a possibilidade de prorrogação infinita dos contratos de concessão seria, portanto, infringir a Constituição Federal. Isso visivelmente atentaria contra a igualdade de condições que se busca conferir aos particulares e, mais que isso, prejudicaria o próprio interesse público.

Inclusive, no setor da infraestrutura, as concessões correspondem, em alguns casos, a monopólios naturais[117], e a manutenção de uma concessionária por tempo indefinido impediria a mínima concorrência que poderia haver entre os entes privados, o que, evidentemente, privilegia o interesse público no que diz respeito à disputa por melhores condições de prestação.

A prorrogação deve advir do próprio interesse público. Depende da necessidade da manutenção da prestação do serviço pelo particular, empresa concessionária de serviço público, em relação ao interesse público. Ou seja, cabe à Administração avaliar sua necessidade e pertinência. Desde que, como já analisado, haja previsão contratual para tanto, garantindo-se, assim, que a isonomia do procedimento licitatório que anteriormente escolheu o concessionário seja preservada.

---

116 FREIRE, André Luiz. *O regime de direito público na prestação de serviços públicos por pessoas privadas*. Malheiros. São Paulo: 2014. p. 358.

117 Rafael Bielsa entende que, na maioria das vezes, os serviços públicos são prestados na forma de monopólio. BIELSA, Rafael. *Derecho administrativo.* Tomo II. Roque Depalma. Buenos Aires: 1955. p. 167.

Roberto Dromi ensina sobre a possibilidade de concessão de serviços públicos na forma de monopólios ou privilégios exclusivos. DROMI, Roberto. *Derecho administrativo.* 4ª ed. Buenos Aires: 1995. p. 413.

No caso em questão, tratamos de situações que, necessariamente, ou em sua maioria, constituem monopólios naturais

Talvez, por essa razão, não tenha sido fixado um limite legal, ficando a critério da Administração Pública a análise de cada uma das situações concretas. Porém, entendemos que seria razoável, e mesmo necessário, que algum parâmetro fosse oferecido pela legislação, para evitar, justamente, a prorrogação infinita desses contratos.

Na ausência de previsão legal, conjugando-se a regra da prorrogação com o princípio da licitação, entendemos que a duplicação do prazo original seria adequada como limite máximo.

Existem setores regulados, nos quais há um limite pré-estabelecido, como o portuário. O Decreto n. 8.033/2013 atualizado pelo Decreto n. 9.048/2017[118], que regulamenta a Lei de Portos, prescreve:

> Art. 19. Os contratos de concessão e de arrendamento terão prazo determinado de *até trinta e cinco anos*, prorrogável por sucessivas vezes, a critério do poder concedente, até o limite máximo de setenta anos, incluídos o prazo de vigência original e todas as prorrogações. (grifo nosso)

No caso das Parcerias Público-Privadas, espécies de concessão com regime específico, estabelecidas no direito brasileiro pela Lei n. 11.079/2004, também existe previsão expressa de limite para a prorrogação contratual:

> Art. 5º As cláusulas dos contratos de parceria público-privada atenderão ao disposto no art. 23 da Lei n. 8.987, de 13 de fevereiro de 1995, no que couber, devendo também prever:
>
> I – o prazo de vigência do contrato, compatível com a amortização dos investimentos realizados, *não inferior a 5 (cinco), nem superior a 35 (trinta e cinco) anos*, incluindo eventual prorrogação; (grifo nosso)

Nota-se, portanto, que a legislação mais moderna tem determinado esse limite máximo, o que permite a consagração do instituto da prorrogação do contrato, prestigiando o interesse público em questão e, ao mesmo tempo, garantindo a preservação do princípio da licitação e isonomia, previstos constitucionalmente.

Essa limitação, inclusive, não é novidade. Em 1934, o Código de Águas dispunha sobre contratos de concessão no setor, fixando seu prazo

---

[118] Este Decreto está tendo sua constitucionalidade avaliada no Supremo Tribunal Federal. O Decreto anterior garantia o prazo máximo de 35 anos.

em 30 anos, com a possibilidade de prorrogação, desde que não excedessem o prazo máximo de 50 anos[119].

Portanto, a prorrogação em sentido estrito deve sofrer incidência de limite certo, sendo razoável que as normas dos demais setores a regulem, futuramente, na execução de seus contratos de concessão de serviço público, pelo bem da segurança jurídica. Na falta de regulação a respeito, a obediência aos limites contratuais se faz ainda mais imprescindível[120].

2.1.4. Prorrogação em sentido estrito em contratos desequilibrados

É possível que, ao final do contrato de concessão de serviços públicos, chegue o momento da decisão discricionária a respeito da prorrogação contratual, prevista no instrumento contratual.

Porém, pode o contrato original refletir algum desequilíbrio pendente. Nessa situação, optando o Poder Concedente, de acordo com o interesse público, pela extensão de prazo como forma de recomposição, coloca-se a dúvida sobre a coexistência dos institutos.

Seria válido realizar a extensão contratual, com a finalidade de recomposição do equilíbrio econômico-financeiro do contrato original, e, posteriormente a eventual prorrogação? Ou é possível que, realizando a prorrogação do contrato, o desequilíbrio seja "diluído" na repactuação, ainda que mínima, das condições?

Na prorrogação em sentido estrito, algumas condições, não essenciais à natureza do contrato, podem ser modificadas ou adaptadas. Tem-se, portanto, uma nova oportunidade de negociação entre as partes – Poder Concedente e concessionária – que pode ser utilizada como forma de restabelecimento de condições que estejam desfavoráveis a uma das partes.

Logicamente, desde que esse remanejamento de obrigações e condições não signifique uma novação do contrato, ou realização de outro, totalmente novo, que ignore as condições licitatórias estabelecidas na Constituição Federal e na Lei n. 8.987/1995. Conforme ensinamento de Floriano de Azevedo Marques Neto, anteriormente mencionado:

---

[119] Artigo 157 do Código de Águas, Decreto nº 24.643, de 1934.

[120] Não havendo limitação em contrato, apenas previsão quanto à possibilidade, interpreta-se restritivamente a disposição, entendendo ser possível apenas uma prorrogação, pelo prazo original

> A prorrogação traz para ele [o particular] a possibilidade de prosseguimento na exploração da utilidade concedida [...]. Daí ser adequado que a prorrogação coincida com uma recomposição do equilíbrio econômico-financeiro inicial, incluindo-se novos aportes, incrementando obrigações ou exigindo contrapartidas. Isso, insisto, não autoriza a novação completa da concessão ou a ampliação do seu objeto e deve vir, desde o início, com suas premissas e procedimentos delimitados desde o início do contrato que dá ensejo à concessão.
>
> Reitero que a prorrogação não pode significar a outorga de nova concessão, em bases completamente distintas das originalmente pactuadas. Se assim fosse, estaríamos admitindo uma novação, com atribuição de um novo pacto concessório (pois que em bases distintas) com o mesmo particular, ferindo, inclusive o dever de preceder a concessão de certame licitatório, o que em alguns casos é inclusive mandatório e impassível de exceção[121].

Entende-se que, havendo uma renegociação das condições contratuais, considerando o encerramento do contrato anterior, podem as partes aproveitar-se dessa nova avença para determinar condições compensatórias ao equilíbrio econômico-financeiro rompido.

Teoricamente, findo o contrato, não deveria haver compensação ainda a ser feita, a considerar que a Lei n. 8.987/1995 estabelece a necessidade de recomposição imediata do equilíbrio econômico-financeiro frente ao evento que tenha provocado o desequilíbrio, pelo menos em situações que esse tenha sido causado por alteração unilateral do contrato pelo Poder Concedente.

> Art. 9º § 4o Em havendo alteração unilateral do contrato que afete o seu inicial equilíbrio econômico-financeiro, o poder concedente deverá restabelecê-lo, concomitantemente à alteração.

Entendemos que, na medida das possibilidades de execução do contrato, essa concomitância deve ser almejada. Afinal, o equilíbrio deve ser preservado ao longo de toda a execução contratual e manter o contrato em desequilíbrio seria deixar de atender a esse direito constitucional da concessionária.

Porém, na prática, essa condição pode se mostrar mais difícil do que aparenta. Se, ao final da execução contratual ainda houver valor a ser compensado por eventual desequilíbrio a qualquer das partes, entende-se

---

[121] MARQUES NETO, Floriano de Azevedo. *Concessões.* Fórum. Belo Horizonte: 2016. p. 169

que a repactuação das condições, ainda que mínima, pode ser admissível na prorrogação, utilizada também para estabelecer compensações que promovam a recomposição do equilíbrio econômico-financeiro outrora rompido.

Isso porque, caso a extensão de prazo seja escolhida como forma de recomposição do desequilíbrio incorrido, a somar-se com a prorrogação por conveniência, o contrato poderia estender-se muito mais que o inicialmente previsto e, consequentemente, ferir o princípio licitatório na prestação de serviços públicos.

Conclui-se, então, que a prorrogação dos contratos de concessão, ocorrida em seu sentido estrito, segundo juízos de conveniência e oportunidade da Administração, cuja finalidade seja apenas o atendimento ao interesse público, pode também, excepcionalmente, ser meio de restabelecimento da proporção entre as obrigações conferidas às partes, de forma a recompor o equilíbrio econômico-financeiro rompido, na medida da possibilidade de alteração das condições contratuais.

Não seria correto dizer que durante certo período do prazo prorrogado estaria o contrato sofrendo um aumento de prazo para posteriormente ser prorrogado, pelo período restante daquele definido para a prorrogação.

No caso presente, diz-se da possibilidade de diluição de desequilíbrio econômico-financeiro contratual em repactuação de condições contratuais admitida na prorrogação de contratos de concessão de serviços públicos.

Isso porque as prorrogações contratuais, pelo menos em tese, podem exigir menos investimentos que os contratos originais, ou ainda, investimentos distintos, mas considerando a infraestrutura já estabelecida no contrato original.

Nesses casos, seria, então, lógico que, no novo período estabelecido, de prorrogação, as condições fossem balanceadas, seja para redução da tarifa, realização de novos investimentos, ou demais alterações que garantam a mesma proporção estabelecida inicialmente, o equilíbrio econômico-financeiro do contrato.

Ou ainda, quando a concessionária deva realizar novos investimentos, até mesmo para justificar a conveniência do Poder Concedente, outras condições e encargos podem ser estabelecidos incluindo na negociação esse desequilíbrio inicial a ser compensado.

Contudo, não pode essa ser utilizada quando o objetivo que se pretende alcançar seja, exclusivamente, a recomposição do equilíbrio econômico-financeiro. Isto é, não pode o Poder Concedente, visando unicamente a recomposição do equilíbrio econômico-financeiro do contrato, utilizar-se de uma prorrogação sem necessidade – porque somente uma fração desse tempo já seria suficiente para a recomposição do equilíbrio econômico-financeiro.

Além disso, não haveria atenção ao interesse público nesse ato e, sem que a concessionária tenha cumprido o contrato de forma a justificar essa prorrogação, estaria desnaturado o instituto da prorrogação, atentando contra o princípio licitatório.

2.2. A Lei n. 13.448/2017 e as novas formas de prorrogação

Em 2016, o Governo Federal publicou a Medida Provisória n. 752, cuja finalidade seria dispor sobre "diretrizes gerais para a prorrogação e a relicitação dos contratos de parcerias".

A Medida em questão estabelecia novas formas de prorrogação contratual e trazia um "novo" instituto, o da relicitação aos contratos de parcerias enquadrados no recém-criado, pelo Governo Federal, Programa de Parcerias de Investimentos – PPI, regulado então pela Lei n.13.334/2016.

Aqui não caberá tratar da relicitação em si, por não ser objeto deste estudo. Basta dizer que foi mecanismo criado para dar opções ao Governo Federal e às concessionárias em casos de contratos de concessão não cumpridos.

Convertida na Lei n. 13.448/2017, a Medida n. 752 passou a valer, praticamente com seu texto integral, em relação aos contratos federais, ainda que com sua aplicação expressamente direcionada aos empreendimentos qualificados dentro o Programa de Parcerias de Investimentos, do Governo Federal[122].

Segundo os termos da própria lei, acerca dos novos institutos, que analisaremos em seguida:

> Art. 4º Para os fins desta Lei, considera-se:
>
> I - Prorrogação contratual: alteração do prazo de vigência do contrato de parceria, expressamente admitida no respectivo edital ou no instrumento contratual original, realizada a critério do órgão ou da entidade competente e de comum acordo com o contratado, em razão do término da vigência do ajuste;

---

[122] Art. 1º - "Esta Lei estabelece diretrizes gerais para prorrogação e relicitação dos contratos de parceria definidos nos termos da Lei no 13.334, de 13 de setembro de 2016, nos setores rodoviário, ferroviário e aeroportuário da administração pública federal".

> II - Prorrogação antecipada: alteração do prazo de vigência do contrato de parceria, quando expressamente admitida a prorrogação contratual no respectivo edital ou no instrumento contratual original, realizada a critério do órgão ou da entidade competente e de comum acordo com o contratado, produzindo efeitos antes do término da vigência do ajuste.

Nota-se que apenas a prorrogação antecipada é, de fato, inovação na legislação federal. A prorrogação contratual é apenas a consolidação da prorrogação já existente e praticada.

2.2.1. A prorrogação contratual

Aqui não cabe falar em inovação trazida pela Lei n. 13.448/2017. Isso porque o inciso I do artigo 4º apenas detalha a forma com que a prorrogação já, há muitos anos, vem sendo adotada na realidade jurídica brasileira. Contudo, devemos reconhecer seu mérito nesse detalhamento, algo de que sempre careceu a Lei de Concessões.

A alteração do prazo de vigência do contrato deve ser expressamente admitida em lei ou no contrato, requisitos já considerados na prorrogação propriamente dita, como anteriormente explicado. O que reforça o já defendido anteriormente. Ou seja, não havendo previsão editalícia ou contratual, não poderia o Poder Concedente contrariar seu silêncio e estabelecer, discricionariamente, a prorrogação contratual[123].

O artigo 8º da Lei n. 13.448/2017 estabelece a necessidade de fundamentação em estudo técnico prévio que reconheça a vantagem da prorrogação do contrato de parceria em relação à realização de um novo procedimento licitatório.

Mais uma vez, a nova lei vem traduzir, expressamente, aquilo que as leis que a antecedem tiveram intenção de transmitir. Todo ato administrativo deve ser motivado e, no caso de prorrogação contratual, deve o Poder Concedente ser claro quanto às suas razões para tomada de qualquer medida.

Sabe-se que o interesse público deve ser atendido e a prorrogação de um contrato de exploração de serviço público, sem a devida motivação,

---

123 Art. 5º - "A prorrogação contratual e a prorrogação antecipada do contrato de parceria nos setores rodoviário e ferroviário observarão as disposições dos respectivos instrumentos contratuais, balizando-se, adicionalmente, pelo disposto nesta Lei".

seria arbitrária e conflitaria com o princípio licitatório, previsto na Constituição Federal, além do próprio ato padecer de legalidade, por ausência de fundamentação válida.

Além disso, o artigo 7º esclarece:

> Art. 7º. O termo aditivo de prorrogação do contrato de parceria deverá conter o respectivo cronograma dos investimentos obrigatórios previstos e incorporar mecanismos que desestimulem eventuais inexecuções ou atrasos de obrigações, como o desconto anual de reequilíbrio e o pagamento de adicional de outorga.

Ao dispor sobre a necessidade de estabelecimento de um cronograma de investimentos, a Lei deixa claro que, apesar de ser uma prorrogação de um contrato que já teve sua vigência transcorrida, trata-se de um novo ajuste, com novas características e novos investimentos, diferentes do conjunto de obrigações do contrato original.

Sendo uma continuação contratual, porém com condições repactuadas, cabe às partes estabelecerem formas de prestação de serviço que as beneficiem. Partindo de tal premissa, o anteriormente afirmado neste estudo se confirma: é possível que se utilize, então, a prorrogação contratual como meio de recomposição do equilíbrio econômico-financeiro quando, além da recomposição, pretender o Poder Concedente também a prorrogação do contrato.

Explicamos. Na hipótese de o Poder Concedente ter a intenção de prorrogar, por conveniência e oportunidade, um contrato de concessão de serviços públicos, mas, da execução do contrato original ainda restarem débitos advindos de eventos que desequilibraram o contrato original, poderia o Poder Concedente, pactuando novas condições com a concessionária, estabelecer a prorrogação contratual de forma que esses débitos sejam sanados e não mais se fale em desequilíbrio contratual.

Assim, mais adiante, caso surjam eventos que causem novo desequilíbrio, este será solucionado a partir das condições repactuadas no momento da prorrogação, para a "segunda parte" do contrato de concessão de serviços públicos.

2.2.2. A prorrogação antecipada

A prorrogação antecipada foi estabelecida pela Lei n.13.448/2017 como forma de permitir ao Poder Concedente a determinação de novos investimentos nos contratos de concessão de serviços públicos já em curso, mediante prorrogação antecipada deste contrato.

Ou seja, quando definidos pelo Poder Concedente e pela concessionária a prorrogação antecipada, tem-se a antecipação de uma decisão discricionária mediante o cumprimento de novas obrigações por parte deste contratado, tais quais, a realização de novos investimentos, não previstos incialmente.

Em outros diplomas legais temos exemplos de prorrogações antecipadas, como no caso do artigo 57 da Lei n. 12.815/2013, novo marco regulatório do setor portuário[124].

Rafael Véras acredita na vantagem do procedimento pelos seguintes motivos:

> (i) possibilita a realização de novos investimentos, de forma imediata, em infraestruturas públicas, que teriam de ser adiados até o final da vigência das concessões; (ii) tais investimentos serão realizados, sem o aporte de recursos públicos (subsídios), ou, tampouco, de aumento de tarifário; e (iii) os bens que forem incorporados à prestação do serviço público serão revertidos ao patrimônio público[125].

Importante ressaltar que a prorrogação antecipada do contrato não é livre. A lei é clara ao estabelecer condições específicas de sua aplicação:

> Art. 6º. A prorrogação antecipada ocorrerá por meio da inclusão de investimentos não previstos no instrumento contratual vigente, observado o disposto no art. 3º desta Lei.
>
> § 1º A prorrogação antecipada ocorrerá apenas no contrato de parceria cujo prazo de vigência, à época da manifestação da parte interessada, encontrar-se entre 50% (cinquenta por cento) e 90% (noventa por cento) do prazo originalmente estipulado.
>
> § 2º A prorrogação antecipada estará, ainda, condicionada ao atendimento das seguintes exigências por parte do contratado:
>
> I - quanto à concessão rodoviária, a execução de, no mínimo, 80% (oitenta por cento) das obras obrigatórias exigíveis entre o início da concessão e o encaminhamento da proposta de prorrogação antecipada, desconsideradas as hipóteses de inadimplemento contratual para as quais o contratado não

124 Art. 57 – "Os contratos de arrendamento em vigor firmados sob a Lei nº 8.630, de 25 de fevereiro de 1993, que possuam previsão expressa de prorrogação ainda não realizada, poderão ter sua prorrogação antecipada, a critério do poder concedente".

125 VÉRAS. Rafael. *As prorrogações e a relicitação de que tratam a Lei nº 13.448/2017: um novo regime jurídico de negociação para os contratos de concessão*. Revista Direito do Estado, n. 364, 2017.

> tenha dado causa, conforme relatório elaborado pelo órgão ou pela entidade competente;
>
> II - quanto à concessão ferroviária, a prestação de serviço adequado, entendendo-se como tal o cumprimento, no período antecedente de 5 (cinco) anos, contado da data da proposta de antecipação da prorrogação, das metas de produção e de segurança definidas no contrato, por 3 (três) anos, ou das metas de segurança definidas no contrato, por 4 (quatro) anos.

Isto é, para que seja possível a realização da prorrogação antecipada, parte do contrato deve ter sido executado, pelo menos metade, de acordo com o setor e suas condições e, além disso, a maior parte das obras obrigatórias, previstas no contrato original, devem ter sido cumpridas efetivamente.

A prorrogação antecipada, porém, não se confunde com a extensão de prazo contratual com a finalidade de recomposição do equilíbrio econômico-financeiro do contrato. Isso porque a primeira refere-se a uma nova execução contratual, pelo mesmo prazo daquele inicialmente pactuado. O que seria uma segunda execução de um mesmo contrato, ainda que com condições repactuadas.

A segunda, por sua vez, tem o aumento da prestação de serviço diretamente proporcional à quantificação do desequilíbrio causado. A finalidade é que, com o aumento de remuneração percebida no tempo, a concessionária seja recompensada dos imprevistos que atingiram o equilíbrio contratual.

Poder-se-ia considerar que a prorrogação antecipada tem elementos da prorrogação contratual, a qual alguns autores, como Rafael Véras, consideram "prorrogação premial"[126], uma vez que avalia a eficiência da concessionária, ao estabelecer condições de cumprimento das obrigações pactuadas, na execução do contrato.

Porém, admite novos investimentos em infraestrutura, conferindo, em razão disso, maior prazo para a percepção de receitas, remunerando adequadamente a concessionária, sem que seja necessário, ao final uma recomposição do equilíbrio econômico-financeiro do contrato de concessão.

Isso porque, no momento de definição da prorrogação antecipada, são previamente discutidas as condições necessárias à promoção da amortização dos novos investimentos. Note-se tratar de figura inovadora no direito brasileiro, ainda que mescle elementos de institutos previamente existentes.

---

[126] VÉRAS. Rafael. *As prorrogações e a relicitação de que tratam a Lei nº 13.448/2017: um novo regime jurídico de negociação para os contratos de concessão*. Revista Direito do Estado, n. 364, 2017.

2.2.3. O artigo 22 da Medida Provisória n. 752/2016 e seu veto.

A Medida Provisória n. 752/2016 trazia em seu bojo o artigo 22, com a seguinte redação:

> Art. 22. As disposições desta Medida Provisória não obstam nem alteram a condução, pelo órgão ou pela entidade competente, no exercício das suas competências regulatórias, dos procedimentos de reequilíbrio econômico-financeiro instaurados em contratos não alcançados pelo art. 2º ou em razão de eventos distintos daqueles previstos nesta Medida Provisória.
>
> § 1º A inclusão de investimentos não previstos no contrato original e não realizados na forma estabelecida nesta Medida Provisória continuará sendo possível pelos mecanismos regulamentares do órgão ou da entidade competente.
>
> § 2º Não são alcançados pelas disposições desta Medida Provisória os *procedimentos de extensão do prazo contratual para fins de reequilíbrio econômico-financeiro,* definida como a alteração do prazo de vigência do contrato de parceria destinada a compensar eventuais desequilíbrios econômico-financeiros sobre o ajuste, quando cabível, conforme regras contratuais, editalícias ou regulamentares. (grifo nosso)

Nas razões de veto, da conversão da Medida Provisória na Lei n. 13.448/2018, não encontramos justificativa à supressão do artigo 22[127]. Uma perda ao Direito Administrativo brasileiro, inclusive, se considerarmos que, pela primeira vez, a legislação havia se dedicado a identificar e distinguir a extensão de prazo, com a finalidade de recomposição do equilíbrio econômico-financeiro dos contratos, da prorrogação motivada por razões de conveniência e oportunidade da Administração Pública.

Ainda que de aplicação condicionada ao âmbito federal, essa lei poderia servir de base aos demais entes federados e setores, na implantação e aplicação do instituto, evitando situações como as que veremos adiante,

---

[127] No julgamento do TC 031.581/2015-3, no Tribunal de Contas da União, o Ministério Público do Tribunal de Contas da União revelou receio do órgão quanto ao artigo 22 da MP 752/2016 por admitir postergação infinita do prazo dos contratos de concessão. TC 031.581/2015-3. Rel. Min. Augusto Nardes. j. 26.09.2018.

Porém, a existência do dispositivo não reflete, diretamente, essa possibilidade. Há que se conscientizar a Administração Pública quanto à necessidade de alterações unilaterais e, sendo necessárias, ou tendo a mudança ocorrida por outra álea administrativa, ou álea econômica, devem ser considerados princípios e particularidades do caso concreto na escolha da forma de recomposição, ou ainda, na combinação de mais de uma delas.

nas quais a terminologia inadequada acaba por impedir a concretização da aplicação do melhor instituto ao caso.

2.3. Conclusões parciais

Neste capítulo detalhamos minimamente o instituto da prorrogação contratual, em sentido estrito. A prorrogação que ocorre por juízo discricionário da Administração Pública que, figurando como Poder Concedente, vê na prestação do serviço pela concessionária vantagens suficientes que justifiquem sua manutenção por determinado período, geralmente similar ao prazo original, ao invés da realização de novo certame licitatório.

A partir dela, novas condições são estabelecidas, evidentemente, considerando o exaurimento das condições originais. Os gastos originais da concessionária poderão ser reduzidos, uma vez já realizados os investimentos inicialmente considerados como essenciais ao contrato de concessão. E novas demandas ou investimentos poderão surgir em atenção ao interesse público, que é naturalmente mutável de acordo com as circunstâncias sociais, econômicas etc.

Comparando o pensamento dos autores citados, concluímos que há, sim, necessidade de previsão no edital e contrato sobre a prorrogação, para que esta possa se concretizar. Se a Lei de Concessões determina como cláusula essencial do contrato aquela que versa sobre prorrogação, quando o contrato deixa de apresentá-la podemos dizer que, quanto à prorrogação, foi silente e, como o princípio da legalidade deve incidir de forma estrita sobre os atos da Administração Pública, não haveria competência para determinar uma prorrogação contratual à qual o contrato não faz referência.

Supondo que o contrato preveja condições objetivas, a partir das quais possa o Poder Concedente determinar a prorrogação contratual, entendemos que há configuração de direito adquirido da concessionária; porém, com algumas restrições.

As condições devem ser objetivas e fundamentadas o suficiente para que se possa determinar ao certo as situações em que a prorrogação poderá incidir. São as hipóteses em que, já no procedimento licitatório, o participante percebe a sinalização da duração do contrato já considerando o prazo de prorrogação. Entretanto, esse direito da concessionária não impede a prerrogativa da Administração de encampação, por exemplo, ou de alteração unilateral do contrato.

Situação diversa é demonstrada nas hipóteses em que o contrato é genérico ao prever a prorrogação. Assim, não há que se falar em direito, mas exclusivamente em escolha, discricionária, do Poder Concedente quanto à pertinência ou não da prorrogação do contrato, de acordo com o interesse público tutelado.

De forma geral, havendo previsão contratual, a prorrogação pode ser instituída, como meio de garantir a atenção ao interesse público que demandou a exploração de tal atividade por meio do contrato de concessão. É possível, inclusive, que, com a prorrogação, além de ser atendido o interesse público, concilie o Poder Concedente, em um mesmo período, a recomposição do equilíbrio econômico-financeiro outrora rompido.

A legislação mais recente, como a Lei de PPP e o Decreto que regulamenta a Lei de Portos, já citados, trazem limites quantitativos à prorrogação propriamente dita. Essa seria a melhor forma de garantir a possibilidade de prorrogação sem conferir ao administrador discricionariedade suficiente para prorrogar indefinidamente os contratos de concessão de serviços públicos. Por isso, silente a legislação sobre o prazo adicional, entendemos que ela deve se limitar, no máximo, a um período adicional igual ao período original do contrato.

Por fim, a recente Lei n. 13.448/2017 traz descrições minuciosas sobre o instituto da prorrogação propriamente dita e uma nova figura: a prorrogação antecipada. Ainda que sejam aplicadas apenas aos empreendimentos qualificados no Programa de Parcerias de Investimentos do Governo Federal, e demandem maiores estudos, evidenciam um futuro mais descritivo sobre o tema, podendo influenciar a legislação de outros setores e clarear a aplicação deste instituto pouco explorado na doutrina brasileira.

Infelizmente, o veto ao artigo 22 da Medida Provisória n. 752/2016 impediu uma definição precisa, em um diploma legal, da extensão de prazo com finalidade de recomposição do equilíbrio econômico-financeiro dos contratos de concessão. Espera-se, porém, que, em breve, outro ato normativo o faça, garantindo cada vez mais segurança jurídica, tão necessária à implantação das concessões, à realização de investimentos e ao desenvolvimento econômico do país.

Colocadas as premissas nas quais se inserem a prorrogação de contratos de concessão, trataremos adiante, especificamente, da extensão de prazo com finalidade de recomposição do equilíbrio econômico-financeiro nos contratos de concessão de serviço público. Não apenas distinguindo-a da prorrogação, mas opondo ao instituto os mesmos questionamentos opostos à prorrogação até o presente momento.

A alteração de prazo dos contratos de concessão como forma de recomposição do equilíbrio econômico-financeiro

O objeto deste capítulo, e deste estudo, é dissertar sobre as principais características, condições e requisitos da alteração de prazo com a finalidade de recomposição do equilíbrio econômico-financeiro dos contratos de concessão de serviços públicos.

Como explicado anteriormente, a alteração de prazo como forma de recomposição, mais especificamente a extensão de prazo contratual é o prolongamento do contrato de concessão, com a finalidade de conferir à concessionária maior tempo de remuneração pelo serviço, de forma a compensar seu prejuízo indevido, quando houver um desequilíbrio a ser compensado à concessionária.

Considerada a sua finalidade, não pode a extensão ser maior que o exato tempo necessário à recomposição. Caso contrário, estaríamos diante de um enriquecimento ilícito por parte do concessionário[128].

Segundo Marçal Justen Filho, pode ser uma alternativa razoável nos casos em que as demais formas de recomposição se mostrem ineficazes:

> A prorrogação é compatível com a Constituição especialmente quando todas as outras alternativas para produzir a recomposição acarretariam sacrifícios ou lesões irreparáveis às finanças públicas ou aos interesses dos usuários. Essa é a alternativa que realiza, do modo mais intenso possível, todos os

[128] Celso Antônio Bandeira de Mello ressalta a importância de manter o prazo na quantidade estritamente necessária à recomposição. BANDEIRA DE MELLO, Celso Antônio. *Parecer quanto à prorrogação do prazo da concessão para fins de reequilíbrio econômico-financeiro.* In: CARVALHO. André Castro de (Org.) *Contratos de concessão de rodovias: artigos, decisões e pareceres jurídicos.* ABCR. MP Editora. São Paulo: 2009. p. 62.

> valores e princípios constitucionais. Compõem-se os diferentes princípios e obtém-se a realização harmônica de todos eles[129].

Nos dizeres de Celso Antônio Bandeira de Mello, a utilização da extensão de prazo como forma de recomposição do equilíbrio econômico-financeiro dos contratos de concessão pode se mostrar como a forma mais adequada de garantir sua manutenção.

> Ora, o caso "sub examine" [extensão] demanda, como é claro a todas as luzes, entendimento capaz de atender aos reclamos do fundamental princípio da "modicidade das tarifas", tanto mais porque fazê-lo só traz benefícios, não acarreta prejuízo a quem quer que seja, não contravém qualquer cânone vetor da atividade administrativa e antes neles encontra respaldo. Assim, adotar inteligência que abica em tão prezáveis resultados, ao invés de adotar intelecção que, inversamente, só aporta inconvenientes, é ato do mais elementar bom-senso[130].

A extensão de prazo dos contratos é, portanto, inicialmente vista como uma alternativa viável, principalmente na doutrina jurídica. Determinadas situações podem ensejar sua aplicação. Não afastemos, porém, as desvantagens de sua utilização.

Neste estudo, o objetivo é aprofundar a interpretação que o Direito brasileiro tem dado, ou poderia dar, à extensão de contratos de concessão.

3.1. Incidência da extensão de prazo como forma de recomposição do equilíbrio econômico-financeiro no Direito brasileiro

Conforme o Capítulo I adianta, no Direito brasileiro é comum a aplicação da extensão de prazo como forma de reequilíbrio dos contratos, apesar de não haver expressa determinação na legislação ordinária federal.

A Portaria da Agência Reguladora de Serviços Públicos Delegados de Transporte do Estado de São Paulo – ARTESP – n. 02, de janeiro de 2012, cujo objeto é a aprovação de metodologias de efetivação das formas

---

129 JUSTEN FILHO, Marçal. *Teoria geral das concessões de serviço público.* Dialética. São Paulo: 2003. p. 406.

130 BANDEIRA DE MELLO, Celso Antônio. *Parecer quanto à prorrogação do prazo da concessão para fins de reequilíbrio econômico-financeiro.* In: CARVALHO. André Castro de (Org.) *Contratos de concessão de rodovias: artigos, decisões e pareceres jurídicos.* ABCR. MP Editora. São Paulo: 2009. p. 62.

de reequilíbrio econômico-financeiro, nos contratos de transporte do Estado de São Paulo, determina:

> Artigo 1º - Fica aprovado, na forma dos anexos I, II e III desta portaria, a padronização de procedimentos relativos à instrução dos processos que tratam das alterações dos itens dos cronogramas físico-financeiro, das adequações de investimentos e da *efetivação do reequilíbrio dos contratos de concessões* rodoviárias.
>
> ANEXO III:
>
> 3.1. Modalidades de reequilíbrio: *prorrogação do prazo de concessão,* revisão tarifária, revisão do cronograma de investimentos, utilização do ônus fixo, utilização do ônus variável, emprego de verbas do Tesouro e utilização conjugada de uma ou mais modalidades.[131] (grifo nosso)

A Resolução n. 01 da ARTESP, de 2013, estabelece também ser possível recompor a equação econômico-financeira dos contratos de concessão de transporte no Estado de São Paulo por meio do uso da metodologia de fluxo de caixa marginal. Essa consiste, basicamente, na realização de um fluxo de caixa específico para cada novo investimento determinado pelo Poder Concedente, não inicialmente previsto no contrato de concessão[132].

Celebrado o aditivo entre as partes, o valor da recomposição, determinado no fluxo de caixa, seria compensado por meio da extensão de prazo do contrato original, ou, nos termos da Resolução:

> "Fluxo de Caixa Marginal" – é aquele resultante da inserção de novos investimentos e serviços não previstos no contrato original e respectivos aditivos, celebrado em novo Aditivo de comum acordo, com nova Taxa Interna de Retorno e reequilíbrio *mediante extensão de prazo*. Diferencia-se, portanto, do Fluxo de Caixa Original, pois este mantém todas as características e premissas do contrato original e aditivos já celebrados; (grifo nosso)

No caso das concessões de serviços de transportes federais, a Agência Nacional de Transportes Terrestres – ANTT, em Resolução, n. 3.651/2011, alterada pelas Resoluções n. 4.339/2014 e n. 4.727/2015, responsável pela

---

[131] Nesse caso, o texto normativo utiliza-se da expressão "prorrogação", mas define sua finalidade, a de recomposição do equilíbrio econômico-financeiro, o que deixa claro referir-se ao que neste estudo estipulamos por extensão de prazo.

[132] A constitucionalidade e validade dessa metodologia não será analisada nesse estudo pois foge de seu escopo.

aprovação da metodologia de recomposição do equilíbrio-econômico-financeiro em decorrência de novas obras, no caso dos contratos de rodovias federais, dispõe:

> Art. 10. A recomposição do equilíbrio econômico-financeiro dos contratos a que se refere esta Resolução poderá se dar por intermédio da utilização dos seguintes meios:
>
> I - aumento ou redução do valor da Tarifa Básica de Pedágio;
>
> II - prorrogação do contrato de concessão;
>
> III - pagamento à concessionária, pelo Poder Concedente, de valor correspondente aos investimentos, custos ou despesas adicionais com os quais tenham concorrido ou de o valor equivalente à perda de receita efetivamente advinda, levando-se em consideração os efeitos calculados dentro do próprio Fluxo de Caixa Marginal;
>
> IV - modificação de obrigações contratuais da concessionária previstas no próprio Fluxo de Caixa Marginal; ou
>
> V - estabelecimento ou remoção de cabines de bloqueio, bem como alteração da localização de praças de pedágio[133]. (grifo nosso)

Os atos normativos, aqui elencados, o foram com a intenção de demonstrar que não apenas a revisão tarifária, prevista na Lei n. 8.987/1995, tem se apresentado como meio de realização dessa restauração da proporção inicial do contrato de concessão, ou seja, como meio de promover a revisão contratual.

É possível se valer de outros meios: alteração no cronograma de investimentos, no pagamento e na forma de indenização à concessionária (ou à parte lesada), aumento do prazo do contrato, aqui estipulado como extensão de prazo, entre outros.

Importa salientar a nomenclatura utilizada: prorrogação, e não extensão de prazo, como tem este estudo se referido a esta modalidade. Contudo, é evidente que a natureza jurídica, nesses casos, é a de recomposição do equilíbrio econômico-financeiro dos contratos de concessão – extensão, para este estudo – não a prorrogação por juízo de conveniência e oportunidade – prorrogação em sentido estrito.

---

133 Nesse caso, o texto normativo utiliza-se da expressão *prorrogação*, mas define sua finalidade, a de recomposição do equilíbrio econômico-financeiro, o que deixa claro referir-se ao que neste estudo estipulamos por extensão de prazo.

Considerando que atos normativos setoriais tratam, e aplicam de fato, a extensão como forma de recomposição do equilíbrio contratual, o estudo de seus limites, condições e requisitos se faz ainda mais necessário.

Os contratos de concessão, seguindo as Resoluções das Agências Reguladoras, têm trazido a possibilidade de extensão de prazo como forma de reequilíbrio, ainda que, da mesma forma que os atos normativos, o façam pelo uso do termo prorrogação.

Já em 1997, em contrato de concessão celebrado pelo Estado de São Paulo cujo objeto foi a outorga de exploração de rodovia paulista, hoje administrada pela concessionária Autovias, era prevista a prorrogação de contrato de concessão como forma de recomposição do equilíbrio econômico-financeiro:

> 25.3. Sempre que se deva fazer a recomposição do equilíbrio econômico--financeiro do CONTRATO, pela ocorrência dos fatos definidos no item 25.1. *essa recomposição* poderá ter lugar, caso não haja acordo entre as PARTES, pela forma que for escolhida pelo CONTRATANTE, e aprovada pelo PODER CONCEDENTE, através de uma das seguintes modalidades:
>
> 2. Prorrogação ou redução do prazo da CONCESSÃO;
>
> 3. Revisão extraordinária da tarifa de pedágio;
>
> 4. Uma combinação das modalidades anteriores. (grifo nosso)

Mais atual, o contrato de concessão das rodovias federais BR-060, BR-153 e BR-262-DF/GO/MG, de 2013, prevê:

> 3.2. O presente *Contrato* poderá se prorrogado, a exclusivo critério do *Poder Concedente*, por até 30 (trinta) anos, nas seguintes hipóteses:
>
> (i) por imposição do interesse público, devidamente justificado;
>
> (ii) em decorrência de força maior, devidamente comprovada;
>
> (iii) para recomposição do equilíbrio econômico-financeiro, quando exigidos pelo *Poder Concedente* novos investimentos ou serviços, não previstos no *PER*, ou em decorrência de sua alteração.
>
> 22.3.2. *A recomposição do equilíbrio economico-financeiro poderá ocorrer, também, mediante prorrogação deste Contrato*, em conformidade com a subcláusula 3.2 (iii) e com a subcláusula 22.8. (grifo nosso)

No setor aeroportuário, os contratos têm previsto, nos termos da legislação setorial, a possibilidade de prorrogação para recomposição do equilíbrio econômico-financeiro, exclusivamente. Mas delimitam prazo específico para tanto. Assim ilustra cláusula do contrato de concessão da prestação de serviços aeroportuários do aeroporto de Confins, assinado em 2015:

> 2.7. O Contrato poderá ser prorrogado por até 5 (cinco) anos, uma única vez, *para fins de recomposição do equilíbrio econômico-financeiro* em decorrência de Revisão Extraordinária, na forma prevista neste Contrato. (grifo nosso)

Por fim, o contrato de concessão de rodovias do Estado de São Paulo, concorrência n. 03/2016, promovida pela ARTESP, para outorga em concessão da exploração das Rodovias Oeste Paulista e Rodovia Itaporanga-Franca[134]:

> 23.1. O PODER CONCEDENTE terá a prerrogativa de escolher a modalidade pela qual será implementada a recomposição do equilíbrio econômico-financeiro do CONTRATO, em especial, mas não exclusivamente, dentre as seguintes modalidades:
>
> i. *Prorrogação ou redução do PRAZO DA CONCESSÃO.*;
>
> ii. Revisão no valor da TARIFA QUILOMÉTRICA;
>
> iii. Ressarcimento ou indenização;
>
> iv. Alteração do PLANO ORIGINAL DE INVESTIMENTOS ou do PLANO DE INVESTIMENTOS vigente;
>
> v. Revisão dos valores de OUTORGA fixa ou variável;
>
> vi. Combinação das modalidades anteriores ou outras permitidas pela legislação, a critério do PODER CONCEDENTE e observada a Cláusula 23.2. (grifo nosso)

Nota-se, também nos contratos, o uso do termo prorrogação com a intenção de transmitir o significado de prorrogação como forma de recomposição do equilíbrio econômico-financeiro – aqui estipulada extensão.

---

134 Assim já era previsto no contrato de concessão patrocinada (PPP) da rodovia Tamoio, assinado em 2014: "28.13. O Poder Concedente terá a prerrogativa de escolher a forma pela qual será implementada a recomposição do equilíbrio econômico-financeiro do Contrato, que será formalizada em Termo Aditivo ao presente Contrato, buscando sempre assegurar a continuidade da prestação dos serviços, em especial pelas seguintes: (i) Prorrogação, até o limite permitido pela legislação pertinente, ou redução do Prazo da Concessão Patrocinada. (ii) Revisão no valor da Contraprestação Devida (iii) Revisão no valor da Tarifa Básica de Pedágio; (iv) Ressarcimento ou indenização ao Parceiro Privado; (v) Alteração do Plano de Investimentos; (vi) Combinação das modalidades anteriores, ou outras permitidas pela legislação, a critério do Poder Concedente".

Essa realidade implica, mais uma vez, justificativa de realização deste estudo, considerando a imprecisão de aplicação somada à ausência de normatização, que contrasta com sua ampla aplicação. No caso dos contratos de rodovia do Estado de São Paulo, grande parte[135] das recomposições de equilíbrio econômico-financeiro, têm sido feitas por esse mecanismo.

3.2. A natureza jurídica da extensão de prazo contratual como forma de recomposição do equilíbrio econômico-financeiro

Retomemos, primeiramente, considerações anteriores que nos permitam situar o capítulo no ordenamento jurídico brasileiro.

Ainda que a prorrogação em sentido estrito e a alteração de prazo sejam espécies do gênero dilação de prazo, ou seja, do gênero "institutos que promovem o aumento do prazo contratual para além do inicialmente estabelecido", a natureza de ambas se distingue.

Enquanto a prorrogação em sentido estrito tem natureza de prerrogativa da Administração Pública a ser exercida ao final do contrato, ou até mesmo em sua celebração, definindo condições de sua implementação, a alteração de prazo se configura como espécie do gênero "formas de recomposição do equilíbrio econômico-financeiro dos contratos".

Ou seja, sua semelhança e, por assim dizer, raiz comum, advém do resultado de seus efeitos sobre o contrato, não necessariamente de sua natureza jurídica, sendo essa distinta, assim como as causas que ensejam cada um dos institutos[136].

Considerada como prorrogação reparadora, extensão ou dilação de prazo para reequilíbrio, a natureza jurídica da alteração, na forma de extensão de prazo, é, simplesmente, reparar um desequilíbrio ocorrido ao longo da execução do contrato de concessão de serviços públicos. Seu objetivo maior

---

135 Vide aditivos de 2006, do setor rodoviário, cujo valor do desequilíbrio está em discussão judicial, mas o método de reequilíbrio – extensão – não está sendo questionado.

136 VERAS, Rafael. RIBEIRO; Leonardo Coelho. *O prazo como elemento da economia contratual das concessões: as espécies de "prorrogação"*. In: MOREIRA, Egon Bockmann (Org.). *Contratos administrativos, equilíbrio econômico-financeiro e a taxa interna de retorno. A lógica das concessões e Parcerias Público-Privadas*. Fórum. Belo Horizonte: 2017. p. 297.

é recompor e compensar uma situação de prejuízo, no caso da extensão, da concessionária de serviço público[137].

3.3. Principais entraves à aplicação da extensão de prazo como forma de recomposição do equilíbrio econômico-financeiro dos contratos de concessão

O equilíbrio econômico-financeiro é garantia constitucional da parte concessionária, responsável por permitir a justa contratação e harmonização das partes em situações de desequilíbrio contratual, principalmente quando causadas por *álea administrativa* e *álea econômica* [138].

De igual maneira, diz respeito à proteção do Poder Concedente. Tendo a concessionária essa garantia, pode deixar de considerar em sua proposta apresentada em certame licitatório, condições que possam, ou não, se concretizar e que, se levadas em conta, onerariam a prestação de serviço, muitas vezes sem necessidade.

Além disso, as mesmas alterações administrativas, ou econômicas, podem ensejar à concessionária ganhos além daqueles previstos em contrato. Não podendo a concessionária se locupletar em razão de ocorrências cuja responsabilidade não lhe diga respeito, deverá ser recomposto o equilíbrio econômico-financeiro em favor do Poder Concedente[139]. Adiante trabalharemos com a hipótese de fazê-lo pela redução de prazo.

A preservação do equilíbrio econômico-financeiro não significa a impossibilidade de alteração das receitas e despesas da concessionária. Não se trata de um congelamento nas condições estabelecidas inicialmente, mas de manutenção da proporção existente entre os encargos e receitas. Ou seja,

---

[137] CANTO, Mariana Dall'agnol; GUZELA, Rafaella Peçanha. *Prorrogações contratuais em contratos de concessão.* In: MOREIRA, Egon Bockmann (Org). *Contratos Administrativos, equilíbrio econômico-financeiro e a taxa interna de retorno. A lógica das concessões e Parcerias Público-Privadas*. Fórum. Belo Horizonte: 2017. p. 218.

[138] FREIRE. André Luiz. *O regime de direito público na prestação de serviços públicos por pessoas privadas.* Malheiros. São Paulo: 2014. p. 385.

[139] Sobre enriquecimento sem causa, Valle Ferreira, ao caracterizar o "enriquecimento" como um dos pressupostos do fenômeno o define como "todo incremento patrimonial, obtido à custa de outra pessoa e sem razão que o justifique". FERREIRA, Valle. *Enriquecimento sem causa.* 1949. p. 130.

sempre que uma dessas partes for alterada, a outra também deverá o ser, de maneira proporcional[140].

Rompido, portanto, o equilíbrio econômico-financeiro do contrato, tem-se a necessidade de recomposição, se não houver a compensação adequada da equação. Após a quantificação do valor do desequilíbrio contratual, assunto que não é tema do presente estudo, o Poder Concedente passa a ter, então, o dever de recomposição[141].

Vários métodos são razoáveis para obtenção desse resultado, conforme demonstrado em capítulo anterior. Além da alteração de tarifa[142], prevista em lei, outras formas são também admitidas na recomposição da equação econômico-financeira rompida, dentre elas a alteração de prazo.

A extensão de prazo pode ser traduzida como a alteração do prazo inicial do contrato de concessão cuja finalidade é permitir à concessionária de serviço público maior tempo de percepção de remuneração, que lhe compense, assim, prejuízos que levaram ao desequilíbrio de seu contrato.

O principal entrave que se coloca, no que diz respeito a essa forma de recomposição contratual dos contratos de concessão, é, de imediato, o princípio da licitação determinado no artigo 175 da Constituição Federal, que rege a prestação de serviços públicos por particulares.

Como é constitucional a determinação de procedimento licitatório que anteceda a outorga em concessão da exploração de serviço público[143], haveria a dúvida se a extensão de prazo conferiria à concessionária uma continuidade na prestação do serviço, sem novo procedimento licitatório, violando, assim, o dispositivo constitucional[144]. Seria, portanto, um período de exploração da prestação de serviço público sem antecedente certame licitatório específico.

Poderia haver, também, violação do princípio da isonomia, atrelado à licitação, que garante a igualdade entre todos os licitantes no certame, e,

---

140 MELLO, Rafael Munhoz de. *Prorrogação de concessão de serviço público*. Revista de Direito Público da Economia – RDPE. Belo Horizonte, ano 12, n.46, p. 07-222, abr/jun. 2014.

141 SANTOS, José Anacleto Adbuch. *Contratos de concessão de serviços públicos: equilíbrio econômico-financeiro*. 1. ed. (ano 2002). Jaruá. Curitiba: 2016. p. 134.

142 Artigo 9º, § 2º, da Lei 8.987/1995.

143 Art. 175, da Constituição Federal.

144 HARB, Karina Houat. *A revisão na concessão comum de serviço público*. Malheiros São Paulo: 2012. p. 112.

portanto, nas condições estabelecidas em edital. Uma eventual dilação de prazo poderia provocar desigualdade no tocante à duração contratual maior que aquela disputada no respectivo procedimento licitatório.

Conforme colocado por Lucas Navarro Prado e Luís Felipe Valerim Pinheiro, esses princípios não podem ser descartados, e devem os contratos e editais respeitá-los. Isso porque, mesmo em contratos que constituam monopólios naturais, não havendo assim uma relação de concorrência entre prestadores, existe, ao menos, uma concorrência inicial, pelo mercado. Essa se dá justamente no momento da realização do certame licitatório que confere a um dos proponentes a exploração e prestação do serviço público que foi objeto da licitação. Em seus próprios termos:

> Embora as situações de monopólio natural não permitam concorrência no mercado, é possível a concorrência pelo mercado. Dessa perspectiva, a licitação cumpre um papel fundamental porque permite aos diversos agentes econômicos estabelecidos concorrerem pelo direito de prestar os serviços em regime de monopólio, ainda que regulado[145].

Por essas razões, o estudo quanto à constitucionalidade, legalidade e legitimidade do instituto deve ser realizado com profundidade e cautela, considerando as diretrizes constitucionais que orientam a prestação de serviços públicos por meio dos contratos de concessão.

Outras questões também se colocam, como a possibilidade de extensão de prazo de contrato de concessão nos casos em que o contrato ou a lei setorial proíbe a prorrogação contratual; se existem ou deveriam existir limites a essa metodologia de recomposição do equilíbrio econômico-financeiro, entre outras, que serão discutidas adiante.

3.3.1. O princípio da licitação e a extensão de prazo nos contratos de concessão

O artigo 37, inciso XXI, da Constituição Federal, já debatido, prevê, além do direito ao equilíbrio econômico-financeiro, a necessidade de realização de certame licitatório nos contratos administrativos, "assegurando igualdade de condições".

---

145 PRADO, Lucas Navarro. PINHEIRO, Luis Felipe Valerim. O *tempo nas concessões de infraestrutura: prazo de vigência e sua prorrogação*. In: MARCATO, Fernando S. PINTO Jr. Mário Engler. (coords) *Direito da Infraestrutura I*, SaraivaJur. São Paulo: 2017. p. 411-448.

No artigo 175, a Carta Magna deixa ainda mais evidente que, nos casos de concessão de serviços públicos, deve ser realizado certame licitatório na definição da concessionária, nos casos de prestação de serviço por entes particulares.

> Art. 175. Incumbe ao Poder Público, na forma da lei, diretamente ou sob regime de concessão ou permissão, sempre através de licitação, a prestação de serviços públicos.

A mesma diretriz se apresenta nas leis infraconstitucionais que ao instituto dizem respeito, a Lei de Licitação e Contratos Administrativos, n. 8666/1993, e a Lei de Concessão, n. 8987/1995[146].

Isso porque os contratos administrativos, dentre eles os contratos de concessão, são avenças que dependem do erário público, e deve a Administração promover a isonomia entre os particulares na disputa, garantindo sempre as melhores condições de contratação ao Estado e, consequentemente, privilegiando o interesse público.

Uma vez colocados os pressupostos, tem-se a discussão em pauta: a extensão de prazo, para fins de recomposição do equilíbrio econômico-financeiro dos contratos de concessão, fere o princípio licitatório?

A questão central seria o fato de haver uma prestação de serviço, não inicialmente prevista no edital de licitação, durante prazo excedente. Prestação essa que, se fosse prevista, poderia ter alterado as condições de licitação, implicando uma vantagem indevida à concessionária, como licitante que fora[147].

---

146 Lei 8666/1993: Art. 2º - "As obras, serviços, inclusive de publicidade, compras, alienações, concessões, permissões e locações da Administração Pública, quando contratadas com terceiros, serão necessariamente precedidas de licitação, ressalvadas as hipóteses previstas nesta Lei".
Lei 8987/1995: Art. 2º - "Para os fins do disposto nesta Lei, considera-se: (...) II - concessão de serviço público: a delegação de sua prestação, feita pelo poder concedente, mediante licitação, na modalidade de concorrência, à pessoa jurídica ou consórcio de empresas que demonstre capacidade para seu desempenho, por sua conta e risco e por prazo determinado;"

147 Nesse momento, faz-se relevante uma observação. A questão esbarra na necessidade de previsão contratual da extensão de prazo. A extensão de prazo pode ou não ser prevista no edital de licitação. Justamente por essa condição surge a dúvida quanto à sua constitucionalidade em face do princípio da licitação.

Bernardo Strobel Guimarães fundamenta a respeito:

> A licitação é procedimento que, mercê da isonomia, se estrutura entre sujeitos que se encontram na mesma situação perante o direito. Contudo, o particular que se encontra em situação de prejuízo não se equipara a qualquer outro agente econômico. Ele simplesmente não está na mesma situação que os demais, portanto, a invocação do princípio licitatório em nada lhe diz respeito[148].

O autor consagra o não desrespeito ao princípio licitatório a partir da extensão de prazo como forma de recomposição do equilíbrio econômico-financeiro justamente por ser essa uma medida compensatória.

Se aplicada, será, portanto, como o próprio autor a determina: uma prorrogação reparadora, responsável por compensar uma anomalia contratual temporária e assegurar a segurança jurídica na execução do contrato em questão.

Não há que se falar em ofensa ao princípio licitatório pela simples existência da extensão de prazo com finalidade de recomposição do equilíbrio econômico-financeiro outrora rompido. Não há desigualdade entre a concessionária e licitantes que, à época do certame, apresentaram suas propostas. Além disso, sendo este um direito garantido na Constituição, poderia ser previsto pelos licitantes que, havendo eventual desequilíbrio, seria essa uma das possibilidades de recomposição.

O que não significa a possibilidade de utilização infinita desse recurso como forma de recomposição do equilíbrio econômico-financeiro. Aí sim, estar-se-ia diante de uma situação que ignora a constitucionalidade do princípio da licitação e admite a prestação de um serviço público por particular, por meio de uma concessão, de forma desenfreada. Impediria, assim, um novo procedimento licitatório que poderia garantir à Administração Pública melhores condições de contratação, ou, ao menos, condições mais condizentes com a realidade econômico-financeira da época.

Ou seja, o Poder Concedente somente poderá recorrer à extensão quando estiver em face de situação cujo interesse público assim o demande.

---

148 GUIMARÃES,. Bernardo Strobel. *O prazo nas concessões e as normas que estipulam vigência máxima do vínculo: algumas inquietações.* In: MOREIRA, Egon Bockmann (Org). *Contratos Administrativos, equilíbrio econômico-financeiro e a taxa interna de retorno. A lógica das concessões e Parcerias Público-Privadas.* Fórum. Belo Horizonte: 2017. p. 56.

Nessa escolha, deverá considerar alguns fatores, como a modicidade tarifária, a própria licitação e o caso concreto em si.

Rafael Véras e Leonardo Coelho Ribeiro atentam ao fato de o próprio dispositivo constitucional – artigo 175 – que determina a obrigatoriedade de licitação para outorga do serviço, também estabelecer que a lei deverá dispor sobre a possibilidade de prorrogação.

> Não se pode interpretar esse normativo como óbice à prorrogação de contratos de concessão. Na verdade, é o próprio dispositivo constitucional que, em seu parágrafo único, determina que a lei disporá sobre o "regime das empresas concessionárias e permissionárias de serviços públicos, o caráter especial de seu contrato e de sua prorrogação, bem como as condições de caducidade, fiscalização e rescisão da concessão ou permissão"[149].

Como não é admissível a utilização do mecanismo como forma de postergação eterna do contrato de concessão, no caso de o desequilíbrio se mostrar extremo, Poder Concedente e concessionária deverão estabelecer condições de recomposição que combinem mais um método, garantindo a preservação do direito do usuário sem afetar o interesse público envolvido.

Para tanto, a escolha discricionária dos administradores deve considerar os critérios mencionados anteriormente: modicidade, licitação e, principalmente, o interesse público do caso concreto. Nesses casos, seria de extrema utilidade que a legislação infraconstitucional fosse mais clara ao estabelecer limites e justificativas a esses limites.

3.4. Adequação da extensão de prazo como forma de recomposição do equilíbrio econômico-financeiro dos contratos de concessão ao regime jurídico brasileiro

A extensão de prazo apesar de não prevista na Constituição Federal ou na Lei de Concessões, tem fundamento no princípio do respeito à equação econômico-financeira contratada presente não só na Carta Magna, como na lei específica. Inclusive, a Lei Paulista de Concessões

---

[149] VERAS, Rafael; RIBEIRO, Leonardo Coelho. *O prazo como elemento da economia contratual das concessões: as espécies de "prorrogação"*. In: MOREIRA, Egon Bockmann (Org.). *Contratos administrativos, equilíbrio econômico-financeiro e a taxa interna de retorno. A lógica das concessões e Parcerias Público-Privadas*. Fórum. Belo Horizonte: 2017. p. 291.

também prevê a garantia do equilíbrio econômico-financeiro dos contratos de concessão[150].

Carlos Ari Sundfeld defende que, não podendo nenhuma das partes descumprir o contrato[151], as prestações sejam devidas preferencialmente *in natura,* não devendo as partes substituí-las sem motivo justo para tanto. Parte da premissa que a concessionária deverá ser remunerada, preferencialmente, mediante "exploração do serviço", conforme o artigo 2º da Lei de Concessões.

> Negar ou omitir o reequilíbrio, quando devido, é sempre um ilícito contratual do concedente. E o ilícito tem de ser corrigido *in natura*, com o deferimento de prestações compensatórias diretas e internas à concessão e, assumindo-se as adaptações contratuais indispensáveis (como a dilação compensatória do prazo). A perspectiva de reparação posterior de danos por indenização judicial não é suficiente[152]. (grifo no original)

O que se quer dizer é que a mera expectativa de indenização, por parte do Poder Concedente, com a finalidade de compensar eventuais desequilíbrios, pode não ser suficiente para compensar de fato a concessionária. O contrato deve se extinguir a seu termo. Por isso, a expectativa de indenização não é suficiente, uma vez que deixa pendente a concretização do término das obrigações contratuais do Poder Concedente em face da concessionária[153].

Como na assinatura do contrato fica acertada entre as partes a remuneração mediante a prestação do serviço, seria ideal a recomposição do

---

[150] Lei 7.832/1992, Artigo 14 – "É licito ao Poder Concedente, por motivo de interesse público relevante, estabilizar ou reduzir o valor das tarifas, de forma a garantir sua modicidade ao usuário, desde que assegure ao concessionário a manutenção do equilíbrio econômico-financeiro do contrato".

[151] Fundamenta seu argumento no artigo 29, inciso VI, da Lei 8987/1995: "Incumbe ao poder concedente: VI - cumprir e fazer cumprir as disposições regulamentares do serviço e as cláusulas contratuais da concessão".

[152] SUNDFELD, Carlos Ari. *O direito à fruição* in natura *da concessão pública e sua exploração indireta abusiva.* In: WALD, Arnoldo. JUSTEN FILHO, Marçal. PEREIRA, César Augusto Guimarães. (Org) *O direito administrativo na atualidade. Estudos em homenagem ao centenário de Hely Lopes Meirelles*. Malheiros. 2017. p. 255.

[153] O autor não se mostra contra a indenização como forma de recomposição, desde que devidamente efetivada. E sim contra sua mera expectativa, considerando a constitucionalidade do direito à recomposição.

equilíbrio garantido à concessionária a partir de uma compensação de mesma natureza que a prestação original comprometida, qual seja, a remuneração a partir do pagamento de tarifas pelos usuários do serviço público prestado.

Se considerada a opinião do acima, a extensão de prazo como forma de recomposição do equilíbrio econômico-financeiro dos contratos se coloca como adequada à compensação. Isso porque não onera o usuário, prestigiando o princípio da modicidade tarifária, mas ao mesmo tempo garante ao ente privado essa fruição *in natura* de sua contraprestação pela prestação do serviço público.

Reiteramos, porém, a impossibilidade de implantação de extensões infinitas ao contrato de concessão, desrespeitando os preceitos fundamentais da prestação de serviços públicos por particulares.

Comparando a indenização (não mera expectativa, como no caso anterior) e a extensão de prazo como forma de reequilíbrio, Antônio Carlos Cintra do Amaral defende:

> Se o poder concedente optar pela indenização estará agindo na conformidade da lei, mas a rigor essa alternativa diverge conceitualmente do esquema remuneratório da concessão. Isto porque todos os demais investimentos decorrentes da concessão são remunerados pelo usuário, ao pagar a tarifa. É possível, portanto, sustentar que a prorrogação do prazo é mais condizente que a concessão, porque nesta todos os investimentos são amortizados pelos efetivos usuários do serviço, nenhum deles pela comunidade difusamente considerada[154].

Acertada a opinião, no que se refere à amortização dos investimentos restrita aos usuários, no caso de extensão como forma de reequilíbrio, diferentemente do que ocorre na recomposição por indenização. Porém, fazemos a ressalva no sentido de ser um poder discricionário da Administração Pública tal escolha, não cabendo discorrer sobre a qualidade de cada uma das formas de recomposição.

Se for de interesse público que seja encerrado o contrato, a indenização pode ser a forma que mais lhe atenda, e, prevista nos mesmos instrumentos normativos da extensão, não desnatura o contrato de concessão. Assim como pode ser a alteração de prazo a forma mais adequada ao caso concreto.

---

154 AMARAL, Antônio Carlos Cintra do. *Concessão de serviços públicos.* Quartier Latin do Brasil. São Paulo: 2012. p. 28.

Uma das formas apresentar-se como mais conveniente à Administração e ao interesse público que outra.

Tem-se, portanto, que, apesar dos entraves aqui já demonstrados, a extensão de prazo tem sua aplicação fundamentada no ordenamento brasileiro e é legítima forma de recomposição do equilíbrio econômico-financeiro dos contratos de concessão de serviço público.

Contudo, advertem Mariana Dall'agnol Canto e Rafaella Peçanha Guzela, a extensão de prazo, apesar de em muitas situações adequada à recomposição do equilíbrio econômico-financeiro dos contratos de concessão, e embora apresente grandes vantagens em detrimento de outras formas de recomposição, não pode ser adotada de forma indiscriminada.

Apenas em situações em que o particular esteja obtendo resultados positivos da exploração do serviço, e nas quais seja possível demonstrar o prestígio ao interesse público, é que se poderia considerar a adequabilidade técnica, econômica e financeira da extensão de prazo no caso concreto[155].

3.4.1. A preservação do princípio da modicidade tarifária e a extensão de prazo nos contratos de concessão

Além da adequação ao ordenamento jurídico anteriormente mencionada, outro princípio constitucional pode ser orientador da escolha do meio de recomposição e acabar justificando a utilização da extensão de prazo. Prevista na Lei de Concessões, n. 8.987/1995, a modicidade tarifária, já abordada anteriormente, deve acompanhar a execução dos contratos de concessão de serviço público, protegendo, assim, o interesse coletivo dos usuários[156].

A modicidade tarifária deve ser respeitada pelo Poder Concedente ao longo de toda execução contratual; não apenas durante a execução natural

---

155 CANTO, Mariana Dall'agnol; GUZELA, Rafaella Peçanha. *Prorrogações contratuais em contratos de concessão*. In: MOREIRA, Egon Bockmann (Org). *Contratos Administrativos, equilíbrio econômico-financeiro e a taxa interna de retorno. A lógica das concessões e Parcerias Público-Privadas*. Fórum. Belo Horizonte: 2017. p. 219.

156 Art. 6º - "Toda concessão ou permissão pressupõe a prestação de serviço adequado ao pleno atendimento dos usuários, conforme estabelecido nesta Lei, nas normas pertinentes e no respectivo contrato. § 1º Serviço adequado é o que satisfaz as condições de regularidade, continuidade, eficiência, segurança, atualidade, generalidade, cortesia na sua prestação e modicidade das tarifas".

do contrato, avençada entre as partes, mas em situações de recomposição contratual, prorrogação e outras que possam surgir.

Em virtude desse princípio, em algumas situações, a recomposição do equilíbrio econômico-financeiro mediante aumento de tarifa, apesar de prevista em lei, se faz impossível, na medida em que onera o usuário do serviço, podendo afetar o interesse público em sua prestação. Em outras, o aumento do valor da tarifa pode promover uma queda de demanda que possa provocar a inviabilidade do projeto da concessionária. Em cada caso, uma forma de recomposição, ou mais de uma, se mostra adequada à solução do desequilíbrio. Portanto, deve o Poder Concedente considerar alternativas que atendam ao interesse público demandado.

Celso Antônio Bandeira de Mello fundamenta a aplicabilidade da extensão de prazo como forma de recomposição do equilíbrio econômico-financeiro em outros princípios constitucionais que, em sua opinião, justificam sua existência; entre eles, a modicidade tarifária privilegiada pela não alteração da tarifa.

> A prorrogação contratual, ao contrário da outra situação figurada (a prorrogação por conveniência e oportunidade), estará, de direito, assentada em dois cânones normativos que lhe servirão de escora, isto é, de suporte de legitimidade: de um lado, ante a vicissitude de respeitar a equação econômico-financeira, a norma que lhe impõe tal dever e de outro o princípio prestigiador da *modicidade*[157].(grifo nosso)

A constitucionalidade do direito ao equilíbrio econômico-financeiro dos contratos e o princípio da modicidade tarifária, óbice à recomposição por alteração de tarifa em algumas ocasiões, justificam outros meios de recomposição contratual, como a extensão de prazo. Considerada essa, inclusive, em algumas situações, como forma mais vantajosa de recomposição por não prejudicar, diretamente, o direito de nenhuma das partes ou do usuário.

Pode, portanto, ser a modicidade tarifária justificativa à escolha da forma de recomposição, seja ela a extensão, seja qualquer outra. Como geralmente opõe óbice à alteração tarifária, pode acabar incentivando a recomposição por meios como a extensão de prazo, a depender do momento e particularidades de cada contrato.

---

157 BANDEIRA DE MELLO, Celso Antônio. *Parecer quanto à prorrogação do prazo da concessão para fins de reequilíbrio econômico-financeiro.* In: CARVALHO. André Castro de (Org.) *Contratos de concessão de rodovias: artigos, decisões e pareceres jurídicos.* ABCR. MP Editora. São Paulo: 2009. p. 58.

3.5. Necessidade de previsão em contrato ou instrumento convocatório

Conforme descrito no capítulo dedicado à prorrogação em sentido estrito dos contratos de concessão, essa somente pode ser admitida quando no edital e contrato de concessão for prevista expressamente.

Porém, na aplicação da extensão de prazo, surge a dúvida a respeito da necessidade de previsão contratual e em instrumento convocatório.

Mariana Dall'agnol Canto e Rafaella Peçanha Guzela, em estudo conjunto, afirmam:

> A extensão de prazo para fins de reequilíbrio pode ter lugar mesmo em contratos que não projetam a prorrogação ou que a vedem, pois com ela não se confunde[158].

Baseiam seu entendimento no de Floriano de Azevedo Marques Neto, que enuncia:

> Extensão de prazo para fins de reequilíbrio é o inverso da prorrogação. Aqui ocorre que, por qualquer circunstância, o balanço contratual não pôde ser atingido, exigindo sua recomposição. Nesse caso, uma das hipóteses de reposição do equilíbrio original é a extensão de prazo, sendo, efetivamente, o prazo de concessão um elemento da equação econômico-financeira (a exploração da utilidade pública por n anos é menos vantajosa que a exploração do mesmo objeto por n + x anos). A extensão de prazo para fins de reequilíbrio, ademais, pode ter lugar mesmo em contratos que não prevejam a prorrogação ou que a vedem, pois com ela não se confunde[159].

Rafael Véras e Leonardo Coelho Ribeiro também reiteram o entendimento, ao definirem:

> Tal modalidade de extensão do prazo contratual: (i) prescinde de autorização legal específica, ou de previsão editalícia, em razão da garantia constitucional

[158] CANTO, Mariana Dall'agnol; GUZELA, Rafaella Peçanha. Prorrogações contratuais em contratos de concessão. In: MOREIRA, Egon Bockmann (Org.). *Contratos administrativos, equilíbrio econômico-financeiro e a taxa interna de retorno. A lógica das concessões e Parcerias Público-Privadas*. Fórum. Belo Horizonte: 2017. p. 216.

[159] MARQUES NETO, Floriano de Azevedo. *Concessões*. Ed. Fórum. Belo Horizonte: 2016. p. 168.

da manutenção do equilíbrio econômico-financeiro, constante no artigo 37, inciso XXI, in fine, da CFRB[160].

Existem autores, porém, que defendem a necessidade de previsão contratual para efetivação da prorrogação, ainda que se trate de prorrogação como forma de recomposição do equilíbrio econômico-financeiro do contrato de concessão, aqui tratada por extensão. Nessa linha de pensamento:

> Entendemos que a prorrogação do prazo das concessões, conquanto seja possível para restabelecimento da equação econômico-financeira da concessão, jamais poderá ser arbitrariamente decidida, mesmo que não se tenham legalmente estabelecidos todos os critérios necessários para tanto, devendo restar prevista no edital e no contrato, porque se assim não for não se coaduna com o ordenamento jurídico, resultando em ofensa à Constituição da República, seja pela eternização de uma concessão, seja por burlar a impessoalidade, com a exclusão, por um tempo, dos demais interessados em prestá-la[161].

O Tribunal de Contas da União, inclusive, parece concordar com essa restrição. Em decisão relativa à Primeira Etapa do Programa de Concessões de Rodovias Federais – PROCROFE, especificamente da concessionária Concer, determinou a necessidade de previsão contratual à realização da extensão de prazo (prorrogação para fins de reequilíbrio) nos contratos de concessão, o que foi registrado no Boletim de Jurisprudência n. 168/2017:

> A prorrogação de concessão de serviço público, ainda que em razão de reequilíbrio econômico-financeiro, requer expressa autorização no instrumento convocatório e no contrato de concessão original (arts. 3º, 41, 55, inciso XI, e 57, inciso I, da Lei 8.666/1993, e art. 14 da Lei 8.987/1995).

Contudo, a decisão foi baseada no caso da concessionária Concer, cujo cumprimento contratual foi insatisfatório, o que contribuiu ao posicionamento do Tribunal, apesar de o enunciado do Boletim de Jurisprudência ter se dado de forma genérica.

---

160 VERAS, Rafael; RIBEIRO, Leonardo Coelho. *O prazo como elemento da economia contratual das concessões: as espécies de "prorrogação"*. In: MOREIRA, Egon Bockmann (Org.). *Contratos administrativos, equilíbrio econômico-financeiro e a taxa interna de retorno. A lógica das concessões e Parcerias Público-Privadas*. Fórum. Belo Horizonte: 2017. p. 298.

161 HARB, Karina Houat. *A revisão na concessão comum de serviço público*. Malheiros. São Paulo: 2012. p. 113.

Embora pareça claro que a natureza dos institutos não coincide, é comum a justificativa de não realização de extensão de prazo de contrato de concessão com fim de recompor o equilíbrio econômico-financeiro, por ausência de cláusula contratual que admita prorrogação, ou a vede expressamente.

Este estudo considerou como não cabível a prorrogação em sentido estrito nos casos em que o contrato não a prevê, mas não se pode adotar a mesma lógica à extensão.

Primeiramente porque, sendo o contrato de concessão um contrato complexo e de longa duração, é natural que desequilíbrios ocorram ao longo de sua execução. Todos os licitantes, operantes no setor, devem ter consciência das normas que o disciplinam, nelas consideradas as normas que disciplinam a recomposição do equilíbrio econômico-financeiro dos contratos. Dessa forma, não se poderia falar em desigualdade ou ausência de isonomia entre eles.

Em segundo lugar, a extensão de prazo tem por objetivo sanar contingência que tenha surgido ao longo da execução contratual e prejudicado a proporção estabelecida entre as partes e definida na assinatura do contrato. Portanto, não é um bônus, ou uma nova contratação, mas tão somente uma forma de garantir que a manutenção da proporção e do equilíbrio inicialmente estabelecido.

No caso de o contrato vedar, genericamente, a prorrogação, entendemos que está a tratar da prorrogação por conveniência e oportunidade, não da forma de recomposição do equilíbrio econômico-financeiro contratual. Pois, se assim o fizesse, detalharia a espécie de prorrogação a qual se refere.

Considerando que não são sinônimos os institutos, por vezes a intenção do contrato seria vedar a prorrogação em sentido estrito, não admitindo que o contrato tivesse sua vigência prolongada para além do estabelecido, por decisão discricionária, motivada pelo interesse público, ou conveniência da Administração. Mas não estaria proibindo o contrato a execução de fórmula de recomposição de equilíbrio econômico-financeiro que fora rompido.

Nos casos em que o contrato elenque formas de recomposição do equilíbrio econômico-financeiro, mas deixe de citar a extensão de prazo, entendemos ainda assim ser possível a extensão, por ser medida de garantia de um direito constitucional. Nessa hipótese, porém, deve ser essa considerada como subsidiária, evitando ao máximo o aumento de vigência almejado pelo contrato, prestigiando possível intenção do administrador de não viabilizar expressamente o aumento de prazo contratual.

Ou seja, não podendo ser implantadas as formas elencadas no contrato para fins de recomposição, adota-se, então, a extensão de prazo. Afinal, a recomposição do equilíbrio econômico-financeiro não é opção do administrador durante a execução contratual, nem mesmo em momento anterior, de sua elaboração. Não poderia o contrato proibir uma forma de recomposição de direito constitucional, garantida em instrumentos normativos.

Segundo Celso Antônio Bandeira de Mello, justamente pela oposição entre a natureza dos institutos, a extensão não pode ser comparada à prorrogação em sentido estrito quanto à necessidade de previsão contratual. Pois, como mencionado, a intenção das partes não é prosseguir com o vínculo contratual, mas sanar uma anomalia de sua execução[162].

> Daí que, a prorrogação contratual, ao contrário da outra situação figurada, estará, de direito, assentada em dois cânones normativos que lhe servirão de escora, isto é, de suporte de legitimidade: de um lado, ante a vicissitude de respeitar a equação econômico-financeira, a norma que lhe impõe tal dever e de outro o princípio prestigiador da modicidade. Segue-se que a ausência de previsão permissiva no edital ou no contrato estaria suprida por estas aludidas normas, sendo que a disposição legal que determina a modicidade das tarifas – noção que, como se disse, tem hierarquia de princípio – é a que diretamente lhe servirá de calço[163].

Ainda o mesmo autor, sobre casos em que a prorrogação contratual é vedada, de forma genérica nos contratos, repete seu entendimento. Ou

---

[162] "Com efeito, nesta última hipótese, à toda evidência, o que entra em pauta é um expediente utilizável para evitar agravar os usuários com o aumento das tarifas, ou seja, para favorecer a obediência ao princípio da modicidade delas. Assim, é visível que em tal caso não está em questão a ideia singela de prosseguir um vínculo além do termo inicialmente previsto apenas porque a relação se apresentara como satisfatória. Antes, tal evento se propõe como fórmula concebida para, ao atender um dever jurídico inelutável – o de promover o reajuste tarifário necessário para manter o equilíbrio financeiro do contrato – evitar sua repercussão sobre os usuários do serviço". BANDEIRA DE MELLO, Celso Antônio. *Parecer quanto à prorrogação do prazo da concessão para fins de reequilíbrio econômico-financeiro.* In: CARVALHO. André Castro de (Org.) *Contratos de concessão de rodovias: artigos, decisões e pareceres jurídicos.* ABCR. MP Editora. São Paulo: 2009. p. 58.

[163] BANDEIRA DE MELLO, Celso Antônio. *Parecer quanto à prorrogação do prazo da concessão para fins de reequilíbrio econômico-financeiro.* In: CARVALHO. André Castro de (Org.) *Contratos de concessão de rodovias: artigos, decisões e pareceres jurídicos.* ABCR. MP Editora. São Paulo: 2009. p. 59.

seja, a vedação não impede a extensão de prazo contratual, cuja finalidade seja exclusivamente a recomposição do equilíbrio econômico-financeiro.

> A menos que um, outro [edital ou contrato], ou ambos vedassem a extensão contratual de modo a tornar claro que a interdição nele(s) cogitada abrangia a que se efetuasse como fórmula substitutiva da elevação de tarifas, que, de outra sorte, seriam incrementadas para mantença da equação financeira, haver-se-ia de concluir pela possibilidade da sobredita prorrogação[164].

Fundamenta suas conclusões no pensamento de Carlos Maximiliano, que acredita na interpretação inteligente do direito, não apenas literal. Dessa forma, Celso Antônio Bandeira de Mello finaliza a discussão desse estudo acerca da necessidade de previsão contratual de extensão de prazo em contrato de concessão.

Assim também entende Fernando Vernalha, tratando de extensão contratual, ao considerá-la como forma de recomposição do equilíbrio econômico-financeiro contratual, apesar de denominá-la prorrogação:

> A ausência de indicação explícita pelo edital da hipótese de prorrogação do contrato de concessão não significa que ela não possa ser implementada. Como já dito, a prorrogação da concessão será quase sempre uma consequência da ocorrência de eventos imprevisíveis e, assim sendo, independerá de previsão em contrato[165].

Mesmo considerando a ausência de previsão expressa na legislação, é plausível sua aplicação, ainda que o contrato e instrumento convocatório não a prevejam, ou, o fazendo, a proíbam, de maneira genérica. A menos que a proibição seja expressa e específica, direcionada à extensão de prazo ou prorrogação cuja finalidade seja a recomposição de equilíbrio econômico-financeiro contratual.

Exemplificaremos o desarranjo jurídico que se instala em virtude da não distinção entre as formas de dilação de prazo quando existir cláusula de vedação a prorrogação em seu sentido genérico.

---

164 BANDEIRA DE MELLO, Celso Antônio. *Parecer quanto à prorrogação do prazo da concessão para fins de reequilíbrio econômico-financeiro*. In: CARVALHO. André Castro de (Org.) *Contratos de concessão de rodovias: artigos, decisões e pareceres jurídicos*. ABCR. MP Editora. São Paulo: 2009. p. 59.

165 GUIMARÃES, Fernando Vernalha. *Concessão de serviço público*. São Paulo: Saraiva, 2014. p. 306.

Recentemente o Governo Federal decidiu, no caso da Rodovia Presidente Dutra, sob concessão, não admitir investimentos no trecho "Serra das Araras", que trariam por consequência a recomposição devida, muito provavelmente na forma de extensão de prazo, a considerar o momento contratual[166].

A assinatura do contrato de concessão data de 1995, tendo sua execução iniciado em 1996, com prazo original de 25 anos. Pela rodovia trafegam, em média, 870 mil pessoas por dia.

Apesar da execução da maioria do contrato, o trecho entre Piraí e Paracambi, no Rio de Janeiro, mais conhecido como Serra das Araras, não acompanha os padrões da rodovia sob concessão. O tráfego acabou atingindo níveis além do esperado, o que provoca, diariamente, situações de perigo na rodovia.

Com congestionamentos intensos causados pela interrupção de tráfego em momento de passagem de cargas especiais, além da pista sinuosa, a Serra das Araras acumula um índice de mais de 500 acidentes por ano.

A concessionária, juntamente com a ANTT, desenvolveu projeto de revitalização da rodovia, uma vez que o projeto do contrato se mostrava ineficaz para atender à demanda atual. Porém, a realização dos investimentos certamente demandaria a recomposição do equilíbrio econômico-financeiro contratual.

Em auditoria aos futuros aditivos do contrato, o Tribunal de Contas da União – TCU – analisou a questão, com oitiva das partes interessadas, para decidir sobre a possibilidade ou não de realização dos investimentos e de extensão de prazo para recomposição do desequilíbrio a ser causado.

Neste ponto, tem-se uma típica situação em que a extensão do contrato seria a forma razoável de concretização dessa recomposição. O fato de a execução do contrato estar chegando a seu termo (2021) limita muito as possibilidades e a discricionariedade do Poder Concedente.

> Considerando-se a alegada incapacidade de o Tesouro arcar com os recursos necessários, bem como a pouca viabilidade de se reajustar as tarifas nos montantes pleiteados, pois essas já se encontram entre as mais altas do

[166] Serra das Araras pede remodelação urgente. O Globo. 09.11.2016. Disponível em: https://oglobo.globo.com/rio/novadutra20anos/serra-das-araras-pede-remodelacao-urgente-20441524

> país, a alternativa mais provável para efetivação dos novos investimentos seria a prorrogação do prazo de vigência do contrato, já existindo minuta de aditivo nesses termos[167].

Uma obra de tal porte causaria um desequilíbrio de alto montante ao contrato de concessão. Sendo assim, alterar a tarifa para que comporte a quantificação de tal desequilíbrio parece inviável, por onerar o usuário de uma maneira além do razoável, atentando contra o princípio constitucional da modicidade tarifária.

A alteração de cronograma já não se faz mais possível, se considerado que a concessão tem apenas dois anos de execução pela frente e praticamente nenhum investimento previsto. O momento é de amortização final e preparação para o encerramento do contrato.

As possibilidades que se mostram viáveis seriam a indenização, por parte do Poder Concedente, o que demandaria um esforço do erário que pode se mostrar inviável, inclusive por ausência de previsão em lei orçamentária, e a extensão de prazo, que seria, com toda certeza, por um prazo considerável, o que também pode ser questionado, em face do princípio constitucional da licitação.

Porém, no início de 2017, o Governo Federal e a ANTT afastaram a possibilidade de manutenção da concessão na rodovia, com a condição de realização de investimentos na Serra das Araras. Por orientação do Ministério Público de Contas do Tribunal de Contas da União, na figura de seu Procurador[168], em parecer técnico, uma das justificativas foi a vedação, em contrato, da possibilidade de prorrogação[169].

---

[167] TC 031.581/2015-3. Rel. Min. Augusto Nardes. j. 26.09.2018.

[168] PEREIRA. Renée. *MP quer barrar renovação de concessão.* Jornal Estado de São Paulo, 18.11.16. Disponível em: https://economia.estadao.com.br/noticias/geral,mp-quer-barrar-renovacao-de-concessao,10000089073.
Declaração do Procurador: OLIVEIRA. Júlio Marcelo de. *A crise como pretexto.* 06.12.2016. jornal Estado de São Paulo. Disponível em: https://politica.estadao.com.br/blogs/fausto-macedo/a-crise-como-pretexto/

[169] A orientação do Tribunal de Contas da União foi no mesmo sentido, de impedir a implantação de novos investimentos, que justificassem a recomposição de equilíbrio econômico-financeiro do contrato, sendo mais coerente aguardar a realização de novo certame licitatório. AC 031.581/2015-3, mencionada a prorrogação também no AC 1174/2018.

Da mesma forma decidiu o Tribunal de Contas da União, já em 2018, pela irregularidade na execução dos investimentos, bem como da extensão de prazo para sua recomposição. Um dos argumentos considerados foi a vedação contratual[170].

Segundo o contrato de concessão da rodovia:

> 18. Não é admitida a prorrogação do prazo da concessão, salvo nas hipóteses previstas neste CONTRATO.

Apesar de concordarmos com a decisão do Tribunal de Contas e do Governo, por outros motivos, essa razão, apresentada como um dos fundamentos de sua decisão, é passível de questionamentos e pode enfraquecer a própria decisão.

A cláusula contratual, acima transcrita, não dá a entender que a prorrogação vedada seria a prorrogação para fins de recomposição do equilíbrio econômico-financeiro dos contratos, como o fazem as cláusulas já citadas, de outros contratos de rodovias, ao estipular os mecanismos de manutenção do equilíbrio econômico-financeiro; ou como fazem os contratos do setor aeroportuário, ao limitar a prorrogação para fins de reequilíbrio.

No caso da Serra das Araras, não seria cabível a aplicação da extensão de prazo como meio de recomposição do equilíbrio econômico-financeiro por não ser viável o próprio desequilíbrio. Isto é, não seria válido que o Poder Concedente determinasse, nessa altura da execução contratual, investimento de tamanho vulto, causando um aumento de mais da metade do período inicial, sendo que a vigência do contrato expira em poucos anos e que a obra poderia ser parte de contrato independente.

Contudo, sua decisão acertada não torna menos duvidoso esse fundamento específico. Não seria uma decisão adequada do Poder Concedente evitar uma extensão de prazo baseando-se em cláusula que proíbe a prorrogação contratual sem especificá-la, tratando, segundo nosso entendimento, da prorrogação em sentido estrito, por razões de conveniência e oportunidade.

Tem-se, assim, mais uma vez, a necessidade de determinar em quais hipóteses o termo prorrogação tem por significado de fato qualquer dilação de prazo contratual, independentemente de sua natureza. E em quais situações a intenção do legislador ou administrador foi conceituar, especificamente, a

---

170 TC 031.581/2015-3. Rel. Min. Augusto Nardes. j. 26.09.2018.

prorrogação de contrato por conveniência e oportunidade ou com a finalidade de recomposição do equilíbrio econômico-financeiro do contrato.

Essa indefinição pode, a longo prazo, ensejar uma insegurança jurídica, deixando concessionária, Poder Concedente e usuário à mercê de interpretações e decisões políticas, que, não raro, carecem de fundamentos técnicos.

3.6. Momento de concretização da extensão de prazo na recomposição do equilíbrio econômico-financeiro

Segundo o artigo 9º da Lei n. 8.987/1995, que trata do equilíbrio econômico-financeiro nos contratos de concessão:

> § 4º Em havendo alteração unilateral do contrato que afete o seu inicial equilíbrio econômico-financeiro, o poder concedente deverá restabelecê-lo, concomitantemente à alteração.

No tocante às alterações unilaterais do contrato, por parte do Poder Concedente, a legislação foi clara ao estabelecer um momento: simultâneo ao do fator causador do desequilíbrio. Porém, nem sempre essa concomitância é possível e razoável, ou aparentemente adequada[171].

Por exemplo, em 2006, foram celebrados termos aditivos de contrato entre a ARTESP, na figura de Poder Concedente paulista, e as concessionárias de rodovias do Estado de São Paulo, em virtude de evento comum que promoveu desequilíbrio em todos os contratos: a cobrança de ISS, não prevista no edital e contrato de concessão[172], configurada como *fato do príncipe*, passível de recomposição. Os aditivos foram pactuados tão logo o desequilíbrio foi quantificado.

Nesses termos, decidiu-se que a recomposição se daria na forma de extensão de prazo, determinando um novo termo ao contrato de concessão.

---

171 "Qualquer alteração unilateral da concessão, aí inclusas as cláusulas de serviço, que não forem desde a sua origem acompanhada do reequilíbrio, tenha sido editada pelo Estado-Administração ou pelo Estado-Legislador, fica com sua eficácia em relação à concessão suspensa, condicionada a que seja definida a forma de manutenção da equação econômico-financeira". ARAGÃO, Alexandre Santos de. *Direito dos serviços públicos*. 4ª ed. Fórum. Belo Horizonte: 2017. p. 484.

172 PINTO. Gabriela Engler. *O caso da anulação dos aditivos de 2006 pela ARTESP: seria diferente à luz da nova Lei de Introdução às Normas do Direito Brasileiro*? Divulgado em portal eletrônico. Disponível em: http://www.portugalribeiro.com.br/o-caso-da-anulacao-dos-aditivos-de-2006-pela-artesp-seria-diferente-a-luz-da-nova-lei-de-introducao-as-normas-do-direito-brasileiro/

Porém, adiante, o Poder Concedente questionou o prazo firmado no aditivo, alegando ter realizado nova perícia, e requerendo a redução do prazo de extensão contratual.

Ressalta-se que, em momento algum, discute-se a legitimidade e constitucionalidade da medida como forma de recomposição do equilíbrio contratual, apenas a quantificação do desequilíbrio aplicada ao novo prazo que se pretende estabelecer como fim dos contratos de concessão.

Em virtude da discussão que se instalou a respeito da quantificação do desequilíbrio, coloca-se o questionamento: seria este o caso de garantir a extensão de prazo apenas ao final do contrato, desconsiderando todas as compensações que possam ter ocorrido em sua vigência? É possível que, adiando essa concretização, discussões posteriores fossem evitadas com mais eficiência?

Em um primeiro momento, é, aparentemente, a escolha mais acertada. Deixar a quantificação para o final poderia ser uma forma de garantir todas as compensações possíveis de desequilíbrio em favor de ambas as partes e somente ao final haveria o cálculo do saldo remanescente, a uma das partes.

Contudo, a determinação legal, ainda que esta trate de apenas uma das hipóteses de desequilíbrio, não pode ser ignorada. Ela, inclusive, confere à concessionária seu direito ao equilíbrio, pois, ciente de sua remuneração, pode programar e projetar o cumprimento dos investimentos que o contrato de concessão assim demande. A não garantia de remuneração poderia, inclusive, atrapalhar a execução contratual e, consequentemente, afetar o interesse público envolvido.

Segundo Egon Bockmann Moreira:

> De nada adianta reequilibrar a destempo um contrato dinâmico e exigente como o das concessões. A demora no reequilíbrio implicará a derrocada do projeto concessionário. E o mesmo se diga quanto ao comprometimento de todos os envolvidos. [...] Caso o contrato opere em desequilíbrio, por mínimo que seja, contaminará os projetos de investimento. O desequilíbrio produz a asfixia do contrato de concessão: impede-o de respirar e, assim, proíbe que os esforços necessários sejam desenvolvidos – o adequado fluxo de receitas e despesas é o oxigênio do projeto. Ausente o equilíbrio, haverá o dever de prestar serviços e executar obras sem receita que permita o financiamento endógeno do projeto. Não se supõe (e nem se espera) que os acionistas da concessionária façam aportes com o intuito de financiar, a custo perdido, obras e serviços públicos[173].

[173] MOREIRA, Egon Bockmann. *Direito das concessões de serviço público. Inteligência da Lei 8.987/1995*. Malheiros. São Paulo: 2010, p. 374.

E sobre o fato de a Lei de Concessões ter estabelecido a concomitância apenas nos casos de alteração unilateral, Alexandre Santos de Aragão discorre:

> O fato de o dispositivo [art. 9º, § 4º da Lei 8.987/1995] se referir apenas às variações da equação econômico-financeira que decorram de alteração unilateral é compreensível, já que as demais áleas não se dirigem especificamente ao contrato, ocorrendo, ipso facto, sem que o poder concedente tenha o que prévia ou concomitantemente fazer para evitar o desequilíbrio. Nesses casos, a recomposição da equação econômico-financeira só pode mesmo se dar a posterior, porém, o mais imediatamente possível, constituindo direito subjetivo à revisão contratual[174].

Sendo assim, não é possível esperar da concessionária atos de atenção pura e simples ao interesse público, desconsiderando sua natureza privada e a inevitável busca por lucro. É de maior interesse a todas as partes envolvidas que o reequilíbrio se dê tão logo seja verificado o desequilíbrio. No caso dos aditivos aos contratos de concessão de rodovias de 2006, o momento de concretização foi perfeito: logo que se deu a notificação do desequilíbrio.

Isso porque, mesmo no caso de extensão de prazo como forma de reequilíbrio, cuja eficácia será perceptível apenas ao final da avença contratual, é importante a definição desse montante. Assim, a concessionária pode considerar seu prazo total para continuidade da execução contratual e obtenção de financiamentos, passando, possivelmente, a ter resultados mais positivos sobre suas ações quando dilatado o prazo de execução do contrato.

Inclusive, a tendência dos contratos tem sido, aos poucos, determinar prazo mínimo para efetivação dos mecanismos de recomposição do equilíbrio econômico-financeiro dos contratos, evitando esse tipo de questionamento.

O contrato de concessão da Linha-4 do metrô de São Paulo, assinado em 2006, e o contrato de concessão da exploração do aeroporto de Guarulhos, assinado em 2012, previram prazos para concretização da recomposição do equilíbrio econômico-financeiro quando rompido, demonstrando uma preocupação do próprio Poder Concedente na concretização, logo que possível, dos reequilíbrios necessários. Respectivamente:

---

174 ARAGÃO. Alexandre Santos de. *Direito dos serviços públicos*. 4ª ed. Fórum. Belo Horizonte: 2017. p. 484.

> 6.24. O procedimento de recomposição do equilíbrio econômico-financeiro da Concessão *deverá ser concluído em prazo não superior a 90 (noventa) dias*, ressalvada as hipóteses, devidamente justificadas, em que seja necessária a prorrogação do prazo[175]. (grifo nosso)
>
> 13.5. A recomposição do equilíbrio econômico-financeiro do CONTRATO *não poderá importar efeito retroativo superior a 180 (cento e oitenta) dias* da data da apresentação do pleito ou da comunicação, exceto no que diz respeito aos prejuízos decorrentes de atraso na conclusão da INFRA-ESTRUTURA da FASE I e da INFRA-ESTRUTURA da FASE II, assim como no caso IMPACTO CAMBIAL[176]. (grifo nosso)

Portanto, a recomposição, mesmo que não efetuada no momento do desequilíbrio, como no caso da extensão de prazo, deve ser tratada e quantificada o mais cedo possível, em respeito à legislação e à economia do contrato. Uma vez estando desequilibrado o contrato, a execução poderá ficar comprometida, na medida em que a concessionária deixe de realizar previsões certeiras sobre o negócio.

3.7. Relevância da natureza dos eventos causadores de desequilíbrio em sua recomposição e momento da alteração contratual

A doutrina brasileira assume a possibilidade de recomposição do equilíbrio econômico-financeiro dos contratos de concessão por diversos fatores, classificados basicamente em *álea administrativa* (alteração unilateral, *fato do príncipe*, fato da Administração e sujeições imprevistas) e *álea econômica* (acontecimentos imprevisíveis, ou previsíveis, mas de consequências incalculáveis).

As alterações unilaterais ocorrem em virtude de mudanças nas obrigações previstas em contrato, quando o interesse público assim o demandar. Porém, tem-se as situações cujas alterações são dispensáveis e as que são indispensáveis. Age sobre essa dicotomia o poder discricionário da Administração em classificá-las.

Em hipóteses nas quais as alterações são dispensáveis, caberá à Administração avaliar sua concretização de acordo com o momento de execução

175 Contrato de Concessão do Aeroporto Internacional de Guarulhos.

176 Edital da Concorrência Internacional Nº 42325212. Concessão patrocinada para exploração da operação dos serviços de transporte de passageiros da Linha 4 – Amarela do metrô de São Paulo, abrangendo de luz até Taboão da Serra.

contratual. Em outras palavras, quando o contrato estiver no início de sua vigência e a alteração necessária for realmente essencial à prestação do serviço, caberá à Administração reconhecer sua necessidade, determinar de fato a alteração e realizar, de forma devida, a recomposição do equilíbrio econômico-financeiro que será então rompido.

Porém, existem situações em que os contratos estão próximos de seus termos e, em virtude desse fato, requerer a inclusão de novos investimentos no cronograma de execução dos contratos pode acabar por interferir no curso natural da concessão.

Ora, retomemos o exemplo da concessionária de rodovia NovaDutra, responsável pela operação de serviços na rodovia federal Presidente Dutra, principal eixo rodoviário entre São Paulo e Rio de Janeiro, já citado neste estudo, com seu devido contexto histórico. O exemplo é meramente ilustrativo para que se possa elucidar a profundidade da discricionariedade administrativa e da razão do desequilíbrio em correspondência com o momento de execução do contrato.

No que diz respeito à decisão discricionária de não determinar a realização de novos investimentos na Serra das Araras, com a contrapartida de uma extensão de prazo (concessionária negociava 16 anos de extensão), entendemos acertada a decisão do Poder Concedente[177]. Acertada para o momento.

Sobre realização de novos investimentos há, sim, que se considerar o momento de execução do contrato de concessão. Ao final do contrato, as partes preparam suas últimas amortizações, não é comum a realização de investimentos de grande porte ou que haja um cronograma passível de ajustes. A determinação de um novo investimento pode implicar extensão de prazo do contrato.

Dessa forma, seria inadequada a determinação da realização dos investimentos no caso na rodovia federal, pois o contrato seria ampliado em mais de 50% de seu prazo original, ferindo assim o princípio constitucional da licitação. Ainda mais se considerarmos que em 3 anos seria possível a assunção de uma nova concessionária que, com um contrato mais moderno e atualizado às demandas do interesse público, pudesse realizar os necessários investimentos.

---

177 Governo decide fazer novo leilão para a concessão da Nova Dutra. Daniel Rittner. 07.03.2017. Disponível em: https://www.valor.com.br/brasil/4889952/governo-decide-fazer-novo-leilao-para-concessao-da-nova-dutra

Além disso, a natureza do investimento é importante, pois, podendo ser executado por meio de contrato apartado, seja de construção de obra, regido pela Lei n. 8.666/1993, seja por outro contrato de concessão, não haveria que se falar em inserção no contrato vigente.

Segundo Luís Roberto Barroso:

> Se a alteração do objeto introduzida no contrato poderia – e, portanto, deveria – ser objeto de licitação autônoma, há também invalidade da alteração em si e, por consequência, e pelas mesmas razões, será também inválida eventual extensão do prazo contratual que procure compensar esse novo custo[178].

Não nos referimos ao caso em específico, uma vez que foi utilizado apenas como exemplo, em virtude de sua contemporaneidade. Suas particularidades, no entanto, não foram profundamente exploradas. Muito menos defendemos a impossibilidade de realização da referida extensão de prazo, mas questionamos sua realização quando provocada pela própria Administração Pública, diretamente ao contrato, já ao final de sua execução e sem que haja outras formas de recomposição que atendam ao interesse público.

Imagine-se que a situação em questão tivesse um desequilíbrio causado não pela inserção de novos investimentos, mas pela criação de um tributo, *fato do príncipe*, portanto, e que fosse decidido como forma de recomposição a extensão de prazo, considerando o termo próximo do contrato.

Nesse caso, entendemos ser plenamente possível a realização da recomposição por meio da extensão de prazo, pelo tempo necessário às devidas compensações e amortizações da concessionária. Ainda, se, uma vez verificadas as particularidades do caso concreto, bem como os princípios que devem orientar seu juízo discricionário, o administrador considerasse o aumento de prazo muito extenso, poderia recorrer à combinação de formas de recomposição, indenização e extensão de prazo, por exemplo.

No caso da rodovia Presidente Dutra, o entrave que se coloca à extensão de prazo não diz respeito à extensão propriamente dita, mas à necessidade ou não do evento que lhe daria causa: os novos investimentos na Serra das Araras.

---

[178] BARROSO, Luís Roberto. *Alteração dos contratos de concessão rodoviária.* In: OLIVEIRA, Farlei Martins Riccio. *Direito administrativo Brasil – Argentina. Estudos em homenagem a Agustín Gordillo.* Del Rey. Belo Horizonte: 2007. p. 278.

Se o investimento tivesse sua necessidade e imprescindibilidade detectada antes, permitindo sua execução ao longo do contrato de concessão com a devida recomposição, ainda que combinando mais de uma forma de realizá-la, seria totalmente plausível.

Porém, a considerar o avançar do contrato, tememos ser a extensão contratual responsável pela desvirtuação do princípio licitatório. Seria, portanto, melhor escolha a contratação da construção do trecho em específico com base na Lei n. 8.666/1993, a espera de uma nova licitação, ao final do contrato atual, ou, ainda, o estabelecimento do pagamento da indenização pela nova concessionária.

Essa hipótese é também delicada, e deve ser analisada com certa cautela, pois impõe à atual concessionária uma vantagem (de pagar a si mesma), colocando em dúvida a isonomia do processo licitatório para o novo contrato.

3.8. Autonomia entre institutos de dilação de prazo e possibilidade de aplicação de ambos

Embora já distinguida a prorrogação em sentido estrito e a extensão de prazo com finalidade de recomposição do equilíbrio econômico-financeiro contratual, a aplicação dos institutos pode se mostrar complexa em algumas situações.

Tome-se por exemplo situação em que caiba prorrogação de contrato uma única vez, prevista no instrumento convocatório e contratual, mas, além disso, haja situação de desequilíbrio contratual, na qual o Poder Concedente determine a recomposição por extensão de prazo.

Nessa situação, a realização da recomposição contratual por meio de extensão de prazo minaria a possibilidade de futura prorrogação? Seria a cláusula contratual referente à prorrogação em sentido estrito ou a qualquer tipo de dilação de prazo, englobando, também, a extensão no caso de recomposição?

Se considerada a possibilidade de aplicação de ambos os institutos, haveria uma ordem razoável para tanto? Deveria ser a extensão realizada findo o prazo original do contrato, ou após isso, ao final da prorrogação contratualmente admitida?

Lucas Navarro Prado e Luis Felipe Valerim Pinheiro ressaltam a autonomia entre os institutos:

> No nosso entendimento, as extensões de prazo contratual operadas em virtude de reequilíbrio econômico-financeiro pela materialização de riscos imputáveis ao Poder Concedente são autônomas em relação às prorrogações

para a extensão da relação entre Poder Concedente e concessionário ou para a renovação das obrigações da concessão[179].

Além disso, ressaltam também a importância, embora marcada por certa dificuldade, de realização da recomposição do equilíbrio econômico-financeiro no curso do próprio contrato, no prazo previsto para encerramento da concessão.

Concordamos com os autores em dois aspectos. O primeiro deles, sobre a necessidade de reestabelecimento da equação econômico-financeira durante o prazo de execução contratual. Assim sendo, qualquer recomposição que deva ser feita, deve ocorrer na vigência do contrato, em seu prazo original, ou logo em seguida de seu termo, como no caso da extensão de prazo, desde que possível e convencionada concomitantemente ao desequilíbrio.

O segundo aspecto é o da autonomia entre os institutos. Embora prorrogação por conveniência e oportunidade – sentido estrito – e extensão de prazo cuja finalidade seja recomposição do equilíbrio econômico-financeiro possam coexistir em uma mesma execução contratual, cada uma tem seu propósito específico.

Ressaltamos anteriormente a possibilidade de recomposição do equilíbrio econômico-financeiro dos contratos durante prorrogação em sentido estrito. Seria o caso de diluição do montante a ser compensado na alteração de condições possível nos casos de prorrogação em sentido estrito, seja evitando um investimento inicial, seja definindo novos encargos e obrigações.

Suponhamos, porém, que a extensão do contrato seja determinada para recomposição do equilíbrio econômico-financeiro contratual. O fato de ter o contrato admitido apenas uma prorrogação não impede o Poder Concedente de determiná-la, futuramente, mesmo tendo concedido a extensão de prazo.

Isso porque entendemos, além da independência dos institutos, que a extensão de prazo não tem necessidade de previsão contratual, por reportar-se a direito constitucionalmente garantido, o direito à manutenção do equilíbrio econômico-financeiro dos contratos. Por isso, quando os contratos admitem a prorrogação apenas uma vez, de forma genérica, entendemos

---

179 PRADO, Lucas Navarro; PINHEIRO, Luis Felipe Valerim. O *tempo nas concessões de infraestrutura: prazo de vigência e sua prorrogação*. In: MARCATO, Fernando S. PINTO Jr. Mário Engler. (coords) Direito da Infraestrutura I, SaraivaJur. São Paulo: 2017. p. 411-448.

que consideram a prorrogação em sentido estrito, por conveniência e oportunidade da Administração.

> Pouco importa para a admissão de um dos institutos da prorrogação o fato de o outro instituto de dilação de prazo já ter sido aplicado ao contrato[180].

Os autores citados atentam também a situações em que o prazo é pré-determinado em contrato ou na legislação e a prorrogação prevista uma única vez. No exemplo, buscam evidenciar situações em que os dois institutos são cabíveis, ressaltando a autonomia entre eles:

> O único aspecto que nos parece relacionar tais situações consiste na necessária observância do prazo de vigência máximo, considerando os períodos de cada etapa (v.g., prazo original e prazo total da prorrogação). Um exemplo pode esclarecer o ponto: imaginemos uma concessão com prazo de 30 anos, prorrogável por novos 30 anos. Durante a vigência do primeiro período, poderia ser feita uma prorrogação a título de reequilíbrio econômico-financeiro no prazo de 10 anos, sendo que ainda seria plenamente possível uma extensão de prazo ou renovação da outorga pelos 20 anos remanescentes, inclusive nas hipóteses em que a legislação ou o contrato estabelece a expressão "prorrogável uma única vez"[181].

Entendemos seu pensamento a partir da seguinte representação gráfica da execução contratual:

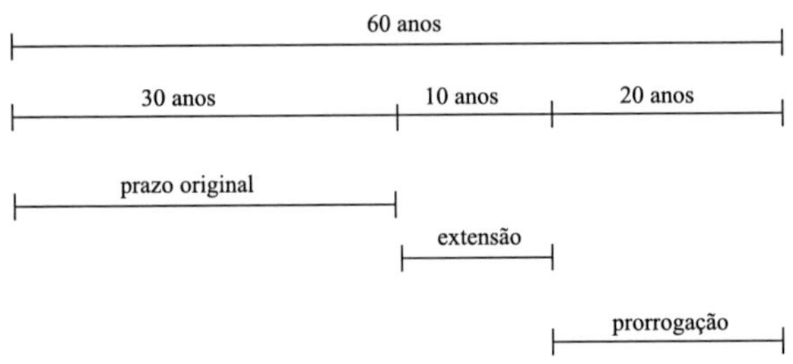

[180] CANTO, Mariana Dall'agnol; GUZELA, Rafaella Peçanha. *Prorrogações contratuais em contratos de concessão.* In: MOREIRA, Egon Bockmann (Org). *Contratos Administrativos, equilíbrio econômico-financeiro e a taxa interna de retorno. A lógica das concessões e Parcerias Público-Privadas*. Fórum. Belo Horizonte: 2017. p. 217.

[181] PRADO, Lucas Navarro; PINHEIRO, Luis Felipe Valerim. *O tempo nas concessões de infraestrutura: prazo de vigência e sua prorrogação.* In: MARCATO, Fernando S. PINTO Jr. Mário Engler. (coords) *Direito da Infraestrutura I*, SaraivaJur. São Paulo: 2017. p. 411-448.

Neste ponto em específico, acreditamos ser o caso já tratado em item anterior, de compensação de desequilíbrios ao longo da prorrogação em sentido estrito do contrato de concessão. Pode ser, ainda, que tenham os autores considerado a referida limitação com relação à prorrogação por interesse público, por conveniência e oportunidade.

Em outro momento esclarecem:

> Em qualquer cenário, a realização da renovação do arrendamento não impede outras prorrogações futuras para reequilíbrio econômico-financeiro do contrato[182].

Evidenciam, assim, que, no exemplo transcrito, a preocupação em estabelecer uma limitação é em relação à prorrogação em sentido estrito, por conveniência e oportunidade.

O fato de considerarem que, apesar de autônomas, a extensão e prorrogação devem ocorrer dentro do espaço de tempo limite previsto em contrato ou na lei específica de forma genérica, evidencia a possibilidade de considerarmos esse um caso de prorrogação em sentido estrito na qual sejam reconsideradas condições que permitam a diluição de uma eventual recomposição de equilíbrio econômico-financeiro que tenha ficado pendente na execução do contrato original.

Alternativamente, sua intenção no exemplo descrito foi limitar a prorrogação em sentido estrito dentro do prazo máximo previsto em contrato, nos casos em que já tenha havido determinada a extensão como meio de recomposição. Assim, a limitação não teria por foco a extensão de prazo, para correção de desequilíbrio, mas na prerrogativa discricionária do Poder Concedente de prorrogar.

Independentemente da interpretação, pelas razões citadas, não acreditamos estarem os autores interessados em limitar numericamente, nesse caso, a extensão de prazo, visto que os próprios insistem na autonomia entre os institutos.

Essa possibilidade não dá, porém, à Administração Pública, prerrogativas para utilização indevida e repetida da extensão de prazo. A boa-fé

---

[182] PRADO, Lucas Navarro; PINHEIRO, Luis Felipe Valerim. *O tempo nas concessões de infraestrutura: prazo de vigência e sua prorrogação.* In: MARCATO, Fernando S. PINTO Jr. Mário Engler. (coords) *Direito da Infraestrutura I*, SaraivaJur. São Paulo: 2017. p. 411-448.

contratual deve ser sempre orientadora da execução dos contratos e, além disso, o princípio da licitação deve ser preservado.

Devem, portanto, ser respeitadas as condições previstas em contrato para realização da prorrogação em sentido estrito. E, não havendo disposição contratual a respeito, entendemos não ser cabível sua aplicação, podendo o Poder Concedente determinar apenas a extensão de prazo para reequilíbrio do contrato.

A legislação não traz limites claros à aplicação desse instituto nos contratos de concessão. Portanto, as medidas devem ser analisadas caso a caso, sujeitas ao possível controle dos Tribunais de Contas.

3.9. Limites normativos e contratuais à prorrogação dos contratos de concessão – sentido amplo ou sentido estrito?

Antes da análise dos limites da alteração de prazo dos contratos de concessão, caberá discorrer sobre a limitação de prazo de vigência dos contratos de concessão. Isso porque, em determinadas situações, é possível entender que o limite máximo estabelecido pela lei é limite que compreende o prazo original do contrato, suas eventuais prorrogações e, possivelmente, eventuais extensões de prazo.

Bernardo Strobel Guimarães acredita em um silêncio eloquente da Lei de Concessões, no sentido de conferir à Administração Pública, por meio do contrato, a prerrogativa de estipular o prazo da concessão. Tendo em vista que se trata de lei federal e que a mesma não estabeleceu tais limites, acredita que tenha "delegado" essa competência ao Poder Executivo, na figura de Poder Concedente.

Assim também nos casos de eventual prorrogação de prazo dos contratos de concessão, considerando a dificuldade de definição de um prazo genérico que permita o adequado retorno de investimento da concessionária. Não caberia, portanto, à legislação hierarquicamente inferior, a limitação de prazo nesse sentido[183].

[183] Segundo o autor, a legislação estadual ou municipal que fixasse prazo máximo aos contratos de concessão de serviço público, estaria usurpando a competência federal para dispor a respeito.

> A ausência de prazo nas concessões é indicativa da necessidade de o contrato disciplinar esse tema, em função dos investimentos programados[184].

Ao citar a limitação máxima de prazo, contida na Lei de Parcerias Público-Privadas, n. 11.079/2004[185], o autor reforça ainda mais sua teoria, no sentido de ser a competência para estabelecimento de prazos máximos do Poder Legislativo da União[186].

De forma contrária, Rafael Véras e Leonardo Coelho Ribeiro acreditam que a razão de a Lei n. 8.987/1995 não ter previsto um prazo máximo de vigência para as concessões comuns, como o fez a Lei n. 11.079/2004, seria justamente por caráter nacional e transversal da Lei de Concessões.

> Por força do caráter nacional, a Lei preferiu remeter à legislação específica dos entes federados, conforme sua titularidade constitucional dos serviços públicos, a disciplina para atender à peculiaridade de cada serviço público, delineando seus regimes[187].

Os autores ressaltam também a especificidade dos setores, o que promove a distinção entre eles, como no caso da Lei n. 11.079/2004.

Independentemente das diferenças entre os pensamentos doutrinários, é possível constatar que (i) a Lei de Concessões, n. 8.987/1995, não

---

184 GUIMARÃES, Bernardo Strobel. *O prazo nas concessões e as normas que estipulam vigência máxima do vínculo: algumas inquietações*. In: MOREIRA, Egon Bockmann (Org). *Contratos Administrativos, equilíbrio econômico-financeiro e a taxa interna de retorno. A lógica das concessões e Parcerias Público-Privadas*. Fórum. Belo Horizonte: 2017. p. 52.

185 Art. 5º - "As cláusulas dos contratos de parceria público-privada atenderão ao disposto no art. 23 da Lei no 8.987, de 13 de fevereiro de 1995, no que couber, devendo também prever:

I – o prazo de vigência do contrato, compatível com a amortização dos investimentos realizados, não inferior a 5 (cinco), nem superior a 35 (trinta e cinco) anos, incluindo eventual prorrogação".

186 Considera, inclusive, que as limitações em leis estaduais e municipais podem ser ignoradas pela Administração Pública, já que a competência para definição dos prazos, nesse caso, seria do Executivo.

187 VERAS, Rafael; RIBEIRO, Leonardo Coelho. *O prazo como elemento da economia contratual das concessões: as espécies de "prorrogação"*. In: MOREIRA, Egon Bockmann (Org.). *Contratos administrativos, equilíbrio econômico-financeiro e a taxa interna de retorno. A lógica das concessões e Parcerias Público-Privadas*. Fórum. Belo Horizonte: 2017. p. 292.

determina prazos máximos de vigência aos contratos de concessão, com ou sem qualquer tipo de dilação de prazos; e (ii) existem setores e formas de contratação específica que o fazem.

O que interessa descobrir, neste estudo, é se, ou quando, esse prazo máximo atinge também a alteração de prazo com finalidade de recomposição do equilíbrio econômico-financeiro dos contratos, principalmente quando manifestada na forma de extensão de prazo.

Analisando alguns atos normativos setoriais, encontramos determinações relativas aos prazos, limitações e possibilidade de prorrogação (que podem, na verdade, tratar de dilações de prazo, de forma geral), no Direito brasileiro.

Primeiramente, a Lei das Parceiras Público-Privadas, editada em 2004, disciplinou novas modalidades de concessão de serviço público: a concessão administrativa e a concessão patrocinada, neste estudo não aprofundadas. A partir desse instituto, tem-se uma concessão, parecida com aquela disciplinada pela Lei n. 8.987/1995, mas com contraprestações e aportes do Estado, que possibilitam a realização de contratos de valor mais alto. Contudo, a lei previu prazos máximos para concretização dessas parcerias, incluindo no limite eventuais prorrogações:

> Art. 5º As cláusulas dos contratos de parceria público-privada atenderão ao disposto no art. 23 da Lei nº 8.987, de 13 de fevereiro de 1995, no que couber, devendo também prever:
>
> I – o *prazo de vigência* do contrato, compatível com a amortização dos investimentos realizados, *não inferior* a 5 (cinco), *nem superior* a 35 (trinta e cinco) anos, *incluindo eventual prorrogação*; (grifo nosso)

O Decreto n. 8.033/2013, que regula a Lei dos Portos, n. 12.815/2013, modificado pelo Decreto n. 9.048/2017, traz limite à prorrogação contratual[188]:

> Art. 19. Os contratos de concessão e de arrendamento terão prazo determinado de até trinta e cinco anos, prorrogável por sucessivas vezes, a critério do poder concedente, *até o limite máximo* de setenta anos, *incluídos o prazo de vigência original e todas as prorrogações*[189]. (grifo nosso)

[188] O Tribunal de Contas da união decidiu que essa alteração no Decreto, de 35 para 70 anos somente se aplica em casos de contratos iniciados depois da assinatura do Decreto mais recente. TC 030.098/2017-3

[189] Discute-se, atualmente, no Supremo Tribunal Federal, a constitucionalidade deste Decreto e possível favorecimento de empresas já concessionárias do setor.

O Decreto n. 7.624/2011, que dispõe sobre a exploração, pela iniciativa privada, de infraestruturas aeroportuárias, estabelece limite expresso para a prorrogação para fins de recomposição do equilíbrio econômico-financeiro dos contratos, leia-se: extensão de prazo. Foi seguido pelo contrato de concessão do aeroporto de Guarulhos, assinado em 2012, que mantém a mesma premissa. Respectivamente:

> Art. 6º O prazo de vigência será estabelecido pelo poder concedente, no edital e no contrato de concessão, e deverá ser compatível com a amortização dos investimentos, *podendo ser prorrogado uma única vez, por até cinco anos, para fins de reequilíbrio econômico-financeiro* decorrente da efetivação de riscos não assumidos pela concessionária no contrato, mediante ato motivado[190].
>
> 2.6. O Contrato poderá ser *prorrogado por até 5 (cinco) anos, uma única vez, para fins de recomposição do equilíbrio econômico-financeiro* em decorrência de Revisão Extraordinária, na forma prevista neste Contrato[191]. (grifo nosso)

Comparando com a regulação de setores distintos da infraestrutura de transportes, a Lei Geral de Telecomunicações, n. 9.472/2003, prevê:

> Art. 99. O *prazo máximo* da concessão será de vinte anos, *podendo ser prorrogado, uma única vez, por igual período*, desde que a concessionária tenha cumprido as condições da concessão e manifeste expresso interesse na prorrogação, pelo menos, trinta meses antes de sua expiração.
>
> § 1° A *prorrogação do prazo* da concessão implicará pagamento, pela concessionária, pelo direito de exploração do serviço e pelo direito de uso das radiofreqüências associadas, e poderá, a critério da Agência, incluir novos condicionamentos, tendo em vista as condições vigentes à época[192]. (grifo nosso)

A Lei n. 9.074/1995, no alvorecer da celebração dos contratos de concessão, ao estabelecer condições de prorrogação para as concessões de serviços públicos, determinava ao setor elétrico:

---

190 Decreto 7624/2011

191 Contrato de concessão do aeroporto de Guarulhos, assinado em 2012.

192 Porém, no caso de radiodifusão, existe previsão constitucional acerca do tema: Art. 223 - "Compete ao Poder Executivo outorgar e renovar concessão, permissão e autorização para o serviço de radiodifusão sonora e de sons e imagens, observado o princípio da complementaridade dos sistemas privado, público e estatal. (...) § 2º A não renovação da concessão ou permissão dependerá de aprovação de, no mínimo, dois quintos do Congresso Nacional, em votação nominal".

> Art. 4º As concessões, permissões e autorizações de exploração de serviços e instalações de energia elétrica e de aproveitamento energético dos cursos de água serão contratadas, prorrogadas ou outorgadas nos termos desta e da Lei nº 8.987, e das demais.
>
> § 2º As concessões de geração de energia elétrica anteriores a 11 de dezembro de 2003 terão o prazo necessário à amortização dos investimentos, *limitado a 35 (trinta e cinco) anos*, contado da data de assinatura do imprescindível contrato, podendo ser prorrogado por até 20 (vinte) anos, a critério do Poder Concedente, observadas as condições estabelecidas nos contratos.
>
> § 3º As concessões de transmissão e de distribuição de energia elétrica, contratadas a partir desta Lei, terão o prazo necessário à amortização dos investimentos, limitado a trinta anos, contado da data de assinatura do imprescindível contrato, podendo ser prorrogado no máximo por igual período, a critério do poder concedente, nas condições estabelecidas no contrato. (grifo nosso)

Colocadas essas premissas e as disposições legais que existem limitando o prazo de vigência dos contratos, na maioria das vezes incluindo as prorrogações nos limites fixados, cabe-nos discorrer sobre o conteúdo semântico da prorrogação tratada por esses diplomas. Quando reflete a prorrogação em sentido estrito, por conveniência e oportunidade, e quando reflete a mera dilação de prazo, como qualquer forma de alteração, independentemente de sua natureza, incluindo nesse conceito a extensão de prazo.

No caso, por exemplo, dos aeroportos, o Decreto é claro, apesar de denominar por prorrogação, que, somente caberá extensão de prazo, considerando sua finalidade de recomposição do equilíbrio econômico-financeiro, pelo prazo máximo de cinco anos.

Os demais diplomas normativos não são tão claros quanto ao sentido conferido ao vocábulo prorrogação, dando margem a mais de uma interpretação.

Segundo Bernardo Strobel Guimarães, a prorrogação – extensão – para fins de recomposição do equilíbrio econômico-financeiro é viável para além do limite. Isso porque é medida compensatória, que visa a corrigir situação anômala.

> A questão que se põe aqui é indagar se a previsão de um prazo máximo implica vedação da possibilidade de se prorrogar o vínculo do contrato para além do máximo previsto em lei, quando isto for necessário à manutenção ou reparação do equilíbrio econômico-financeiro. E há que se reconhecer que não: a prorrogação para além do máximo legal é perfeitamente viável nos casos de desequilíbrio, ainda que ela exacerbe a vigência máxima prevista em lei.

> O prazo máximo de vigência destina-se a tolher apenas as prorrogações ordinárias, não se aplicando aos casos de necessário reequilíbrio da relação[193].

Discorda, inclusive, de julgado do Tribunal de Contas da União, já citado, que, a respeito de Decreto que disciplina a Lei de Portos defende a extensão de prazo vinculada ao limite estabelecido para prorrogações. Para o autor, a interpretação estaria equivocada, em virtude da diferença de natureza entre os institutos[194].

Rafael Véras e Leonardo Coelho Ribeiro, na mesma linha de pensamento:

> Tal modalidade de extensão do prazo contratual: (...) (ii) está totalmente desvinculada do prazo limite previsto para eventual prorrogação contratual, pois que será estipulada pelo período de tempo necessário para que tal contrato seja reequilibrado, sob o prisma dos pesos econômicos que tal evento provocou no fluxo de caixa do concessionário[195].

Por fim, Mariana Dall'agnol Canto e Rafaella Peçanha Guzela:

> Se na prorrogação ordinária incide limitação legal ou contratual como delimitador do período a ser prorrogado, na prorrogação extraordinária tal contenção não incide. Isso porque aqui o delimitador será fixado pelo exato período necessário ao reequilíbrio que a medida se presta a realizar[196].

As autoras fundamentam seu posicionamento na diferença lógica entre cada uma das prorrogações (prorrogação em sentido estrito e extensão).

---

193 GUIMARÃES, Bernardo Strobel. *O prazo nas concessões e as normas que estipulam vigência máxima do vínculo: algumas inquietações.* In: MOREIRA, Egon Bockmann (Org.). *Contratos administrativos, equilíbrio econômico-financeiro e a taxa interna de retorno. A lógica das concessões e Parcerias Público-Privadas.* Fórum. Belo Horizonte: 2017. p. 53.

194 Ac 774-11/2016. Plenário. Rel. Walton Alencar.

195 VERAS, Rafael; RIBEIRO, Leonardo Coelho. *O prazo como elemento da economia contratual das concessões: as espécies de "prorrogação".* In: MOREIRA, Egon Bockmann (Org.). *Contratos administrativos, equilíbrio econômico-financeiro e a taxa interna de retorno. A lógica das concessões e Parcerias Público-Privadas.* Fórum. Belo Horizonte: 2017. p. 298.

196 CANTO, Mariana Dall'agnol; GUZELA, Rafaella Peçanha. Prorrogações contratuais em contratos de concessão. In: MOREIRA, Egon Bockmann (Org.). *Contratos administrativos, equilíbrio econômico-financeiro e a taxa interna de retorno.* Fórum. Belo Horizonte: 2017. p. 216.

Segundo seu entendimento, a própria lógica da prorrogação extraordinária – extensão – a imuniza de limitações estabelecidas pela lei.

É possível então perceber certo consenso doutrinário: os limites estabelecidos em lei para as prorrogações não devem ser aplicados às extensões de prazo para reequilíbrio dos contratos.

Partindo do pressuposto que o entendimento dos autores citados esteja correto, ainda fica sem resposta um dos questionamentos: a extensão de prazo pode ser operada sem limites? Se assim o for, não seria o caso de ofensa ao princípio licitatório a realização de sucessivas extensões em um mesmo contrato?

Em um primeiro momento, parece evidente que qualquer limitação de prazo contratual não deve ser aplicada à extensão de prazo para fins de reequilíbrio econômico-financeiro de contrato de concessão.

Porém, nem todas as situações merecem o mesmo tratamento. Sobre a Lei de PPP, por exemplo, Floriano de Azevedo Marques Neto dá sua interpretação quanto ao limite estabelecido:

> A Lei nº 11.079/2004, diferentemente da Lei nº 8.987/1995, contém parâmetros de prazo máximo e mínimo. A concessão patrocinada não pode ter prazo nem inferior a cinco anos (art. 2º, §4º, inc. II, e art. 5º, inc.I), nem superior a 35 anos (art. 5º, inc. I), nesse segundo caso incluindo eventuais prorrogações.
>
> Reitero aqui meu entendimento no sentido de que as prorrogações que devem estar compreendidas dentro do prazo máximo de 35 anos não alcançam a recomposição de equilíbrio contratual por extensão de prazo nem a devolução de prazos nas hipóteses em que, por fator alheio às reponsabilidades do concessionário, o prazo incialmente previsto para a exploração não puder ser plenamente exercido[197].

Bernardo Strobel Guimarães concorda com o respeito aos limites máximos no caso da Lei de PPP, inclusive pela extensão de prazo, ainda que por fundamento distinto, que seria o da competência da União para esse tipo de legislação[198].

---

[197] MARQUES NETO, Floriano de Azevedo. *Concessões*. Fórum. Belo Horizonte: 2016. p. 211.

[198] GUIMARÃES, Bernardo Strobel. *O prazo nas concessões e as normas que estipulam vigência máxima do vínculo: algumas inquietações.* In: MOREIRA, Egon Bockmann (Org). *Contratos Administrativos, equilíbrio econômico-financeiro e a taxa interna de retorno. A lógica das concessões e Parcerias Público-Privadas.* Fórum. Belo Horizonte: 2017. p. 52.

Posto isso, cabe-nos definir se o limite de prorrogação atinge a extensão de prazo e se a regra é aplicável da mesma forma em qualquer hipótese de limitação de prazo, seja por contrato, seja por lei ou outro instrumento normativo.

A extensão de prazo tem natureza reparadora e compensatória. Isto é, tem a finalidade de sanar um problema decorrente de alteração contratual ou álea extraordinária.

Por isso, não se enquadra no que estipularíamos como prazo contratual, pois o prazo, nesse caso, é mero consequente. O que se pretende é a remuneração maior, que compense o desequilíbrio causado por um determinado evento não previsível ou de consequências incalculáveis.

Quando essa "remuneração maior" constitui a forma de reequilíbrio mais coerente com o interesse público em questão, pode-se apelar para a extensão de prazo, conferindo à concessionária a recomposição do equilíbrio econômico-financeiro de seu contrato sem que seja a lógica de sua remuneração alterada pelo pagamento de indenização[199].

Justamente por não refletir a extensão de prazo um prazo contratual simplesmente, a limitação trazida nos diplomas legais a ela não se referiria. Excetuando, é claro, os casos em que a lei é específica em tratar da extensão, como no setor aeroportuário.

Contudo, mais de um obstáculo se apresenta ao assumirmos essa interpretação: (i) seguimos na tarefa de identificar em quais situações, principalmente as restritivas, o vocábulo prorrogação se refere à prorrogação por conveniência e oportunidade – prorrogação em sentido estrito – e em quais situações se refere e limita qualquer dilação de prazo, independentemente de sua natureza, abrangendo, assim, a extensão de prazo com fins de recomposição; e (ii) a legislação ordinária não define qualquer limite à recomposição do equilíbrio econômico-financeiro por meio de alteração no prazo do contrato, o que dá a entender que poderiam ser realizadas sucessivas extensões, podendo suprimir o princípio licitatório, previsto na Constituição Federal como condicionante à efetivação dos contratos de concessão.

---

199 Segundo as autoras Mariana Dall'agnol Canto e Rafaella Peçanha Guzela, a extensão de prazo permite a recomposição do equilíbrio econômico financeiro sem subverter a lógica do contrato de concessão, que é a de remuneração do concessionário pelo usuário. CANTO, Mariana Dall'agnol; GUZELA, Rafaella Peçanha. Prorrogações contratuais em contratos de concessão. In: MOREIRA, Egon Bockmann (Org.). *Contratos administrativos, equilíbrio econômico-financeiro e a taxa interna de retorno*. Fórum. Belo Horizonte: 2017. p. 217.

3.9.1. A interpretação dos limites à prorrogação e duração dos contratos de concessão, no caso de extensão do contrato para recomposição de equilíbrio econômico-financeiro

Considerando as dificuldades estabelecidas no tópico anterior e analisando os instrumentos normativos e contratuais colocados, entendemos não haver distinção quanto à forma do instrumento normativo na vedação ou limitação da prorrogação, seja ela tratada de forma ampla ou estrita.

Assim como define Bernardo Guimarães, a Lei de Concessões, lei federal, não estabelece um prazo para os contratos de concessão ou mesmo suas eventuais prorrogações. Entende-se que deixa livre ao administrador defini-lo. Assim, poderia fazê-lo por meio de Decretos setoriais, ou até mesmo no próprio contrato, considerando as peculiaridades de cada caso.

A tarefa mais complexa é decifrar os significados pretendidos pelo legislador ou pelo administrador no uso do termo prorrogação. O critério utilizado na busca de um resultado sobre essa diferença semântica se baseou, principalmente, na própria legalidade e na maior discussão que se pode haver sobre ambos os institutos: a legitimidade ou não de execução contratual para além daquilo que o próprio contrato estabelece. Esse entendimento se calca, portanto, na própria isonomia protegida pelo certame licitatório, exigido para esse tipo de prestação de serviços públicos.

Sendo assim, este estudo entendeu que no caso de o legislador ou administrador tê-lo feito de forma a abarcar qualquer tipo de dilação de prazo, sendo seu objetivo maior a restrição quanto ao período de vigência, entendemos que deve esse limite ser respeitado inclusive pela extensão de prazo.

No momento de elaboração das propostas, cada um dos licitantes considerou como tempo máximo de exploração aquele assim definido em lei ou decreto. Portanto, permitir uma dilação de prazo, ainda que pela finalidade de recomposição do equilíbrio econômico-financeiro, seria admitir uma burla ao princípio licitatório.

Nos casos, por exemplo, da Lei de PPP, o diploma legal se refere a prazos: mínimo de 5 anos e máximo de 35 anos. Somente adiante se refere ao termo prorrogação. Sendo assim, por ser o prazo de vigência o objeto central da referida cláusula, entendemos que a Lei está se referindo a qualquer dilação de prazo.

Dessa forma, inclui-se nessa limitação a extensão de prazo para fins de recomposição. Isso porque, no momento da licitação, os licitantes consideram como máxima vigência contratual os 35 anos, e proceder de forma distinta acarretaria em desonraria a isonomia entre eles.

No caso do Decreto n. 8.033/2013, do setor portuário, que se utiliza, como demonstrado, a locução prazo máximo, entendemos seguir esse a mesma lógica da Lei de PPP. O que se limita nesse caso é a vigência, independentemente de sua razão, e a prorrogação é citada em sentido amplo, apenas para reforçar o teor da norma, cujo conteúdo é proibir o alargamento do prazo original.

Nessas hipóteses, em havendo um desequilíbrio que requeira extensão de prazo em virtude do interesse público, deverá ser buscado a partir de outras formas de recomposição, ou da combinação entre elas.

Situação diversa se dá quando o artigo da norma ou cláusula contratual apenas limita o prazo baseado exclusivamente em "prorrogação", e de forma genérica. Tome-se como exemplo um contrato que se tenha a seguinte disposição: "este contrato será válido por 25 anos, a contar de sua assinatura, sendo prorrogável por uma única vez, e por igual período". Nesse caso, a prorrogação é trazida de forma genérica, e não há detalhes quanto à natureza dessa prorrogação, que somente poderá ocorrer uma única vez.

Nessa situação, entende-se que o sentido dado pelo Poder Concedente à palavra prorrogação foi o de prorrogação em sentido estrito. Estaria, portanto, vedando ou limitando a discricionariedade de o Poder Concedente optar pela continuidade do contrato por tempo maior que esse previsto (ainda que, eventualmente, no caso da prorrogação). Não seria o objetivo do legislador ou administrador vedar possível recomposição contratual fundada no direito ao equilíbrio econômico-financeiro nesse caso.

Por isso, nessa limitação não estaria abarcada a extensão de prazo para fins de recomposição, podendo ultrapassar o limite exemplificativo de 50 anos (o prazo original somado à prorrogação).

Porém, isso não significa dizer que a extensão de prazo nesse caso pode ser infinita. O Poder Concedente deverá sempre realizar seu juízo discricionário como forma de considerar a melhor opção de recomposição, orientado pelo interesse público e pelos princípios de modicidade tarifária e licitação.

Inclusive, no caso de a extensão de prazo tornar-se longa, se comparada ao período original do contrato, a melhor decisão do Poder Concedente seria a combinação de mais de um método de recomposição, admitindo assim, uma duração razoável de um contrato que, na sua essência, deve ser temporário.

Apesar de a legislação não ser detalhada quanto ao uso, limites e consequências da alteração de prazo como forma de recomposição do equilíbrio econômico-financeiro contratual, principalmente quando manifestada na forma de extensão, é importante ao instituto que se possa estabelecer um padrão de aplicação. Assim passa a ser garantida ao Poder Concedente, à concessionária e a seus investidores e usuários, segurança jurídica, um princípio essencial para a boa circulação econômica do mercado.

3.10. O desequilíbrio em favor do Poder Concedente: desequilíbrio reverso

O desequilíbrio econômico-financeiro dos contratos de concessão é tratado pela doutrina, na maioria das vezes, quando em favor da concessionária, presumindo-se um prejuízo ao ente privado a partir daquilo que se convencionou no contrato de concessão.

Porém, não tão raro, o desequilíbrio pode ocorrer em favor do Poder Concedente. E, somente a título didático, neste estudo, denominaremos este de desequilíbrio reverso.

A questão que se coloca é: havendo um desequilíbrio reverso em um contrato de concessão, caberia então a redução do prazo do contrato? Mesmo que tenha sido convencionado por determinado período?

Teoricamente, assim como a extensão de prazo contratual é admissível como forma de recomposição de desequilíbrio em favor da concessionária, seria também plausível que a redução de prazo aja de forma a recompor desequilíbrio em favor do Poder Concedente[200].

Floriano de Azevedo Marques Neto, em breve comentário, sugere a possibilidade: "O reequilíbrio pode ser buscado mediante a extensão ou encurtamento do prazo de concessão (pois o tempo impacta o balanço contratual)"[201].

Já Mariana Dall'agnol Canto e Rafaela Peçanha Guzela entendem de forma diferente:

---

[200] CANTO, Mariana Dall'agnol; GUZELA, Rafaella Peçanha. *Prorrogações contratuais em contratos de concessão*. In: MOREIRA, Egon Bockmann (Org). *Contratos Administrativos, equilíbrio econômico-financeiro e a taxa interna de retorno. A lógica das concessões e Parcerias Público-Privadas*. Fórum. Belo Horizonte: 2017. p. 211.

[201] MARQUES NETO, Floriano de Azevedo. *Concessões*. Fórum. Belo Horizonte: 2015. p. 195.

> As hipóteses em que a Administração Pública é afetada negativamente pelo desequilíbrio – e é bem verdade que elas existem – encontram remédio em outros mecanismos. Isso porque, se a prorrogação do tempo do contrato cria vantagem adicional ao particular sem prejuízo ao projeto, o seu "encurtamento" ou encampação não cria vantagem adicional à Administração, mas desvirtua as bases econômicas e financeiras em que o projeto se funda.

Entendemos serem institutos distintos a recomposição do equilíbrio econômico-financeiro, ainda que "reversa", e a encampação por critérios de conveniência e oportunidade. Porém, é relevante o ponto das autoras na discussão sobre o cabimento da redução de prazo contratual como forma de recomposição.

Primeiramente, ao estabelecer a Administração Pública a prestação do serviço pela concessionária, particular, considera-se haver um interesse público na prestação do serviço pelo ente privado, pelo tempo definido.

Em segundo lugar, a Lei de Concessões, n. 8.987/1995, ao determinar possibilidades de "encurtamento" do contrato de concessão, o faz de forma restritiva, admitindo a caducidade – término do contrato por descumprimento das obrigações da concessionária – por meio de decreto do Poder Concedente, precedido de processo administrativo; e, a encampação – término do contrato antecipado, por razões de conveniência e oportunidade do Poder Concedente – mediante lei autorizativa.

Entende-se, portanto, que a Lei tenha tido intenção de impedir a redução discricionária do prazo contratual, quando não acompanhada de lei autorizativa.

Considerando, ainda, que os contratos de concessão são acompanhados de um plexo de obrigações e previsões de entradas e saídas de capital, a redução do prazo contratual pode implicar prejuízo à própria prestação de serviço público e aos investimentos previstos pela Administração em prol do oferecimento de serviço adequado aos usuários.

Dessa forma, a melhor solução ao desequilíbrio reverso seria a utilização de demais formas de recomposição, ainda que combinadas.

3.11. Conclusões parciais

A alteração de prazo, como forma de recomposição do equilíbrio econômico-financeiro, tem por vantagem principal a manutenção da lógica da remuneração da concessionária pelo usuário do serviço, não causando, em tese, graves prejuízos a nenhuma das partes envolvidas se aplicada adequadamente.

Porém, pode apresentar desvantagens e conflitos com o regime jurídico brasileiro, se não o for. A alteração, principalmente quando manifestada como extensão de prazo, pode ser vista como meio de burla ao princípio constitucional da licitação em contratações públicas tanto por uma aplicação indevida do instituto, quanto por uma ausência de limites a sua aplicação.

Colocados esses riscos à segurança jurídica e aplicação devida de princípios constitucionais, o estudo do assunto é de extrema importância, pois, ainda que pouco tratado na legislação, vem sendo aplicado desde a "retomada" das concessões, nos anos 1990.

A natureza jurídica da extensão de prazo cuja finalidade é a recomposição do equilíbrio econômico-financeiro contratual outrora rompido, como o próprio nome denuncia, é reparadora. Seu objetivo, como dilação de prazo, não é a manutenção do vínculo contratual e da exploração do serviço público pela concessionária, mas a correção de uma falha que se apresentou durante a execução do contrato, comprometendo a equação econômico-financeira inicialmente estabelecida, independente da razão desse desequilíbrio, desde que justificável nos termos do contrato e das previsões iniciais.

Apesar de não prevista na Lei de Concessões, n. 8.987/1995, bem como nas demais leis ordinárias que disciplinam o instituto, é mecanismo aceito na doutrina brasileira, tendo sua incidência marcada em normas infralegais e contratos de concessão, ainda que sob o termo prorrogação.

No que diz respeito à sua adequação ao regime jurídico brasileiro, autores citados apontam a vantagem de estabelecimento e consolidação da extensão de prazo como forma de recomposição do equilíbrio econômico-financeiro rompido. Sua aplicação não subverte a lógica das concessões, permitindo que a concessionária arque com a prestação do serviço, ao invés de diluí-la na contribuição de todos os cidadãos, como, por exemplo, ocorreria no caso de recomposição por meio de indenização.

Além disso, é um direito da concessionária a recomposição pela forma de prestação acertada no contrato, ou à "fruição *in natura*" de seu direito à recomposição.

Ademais, atende ao princípio da modicidade tarifária, ao impedir a recomposição por meio da alteração de tarifas que, em determinadas situações, se faz ineficaz, por promover a queda de demanda do serviço[202].

---

[202] Celso Antônio Bandeira de Mello, inclusive ressalta a modicidade tarifária como fundamento de aplicação da alteração de prazo – extensão – como forma de recomposição do equilíbrio econômico-financeiro dos contratos.

Não conflita, porém, com o princípio da licitação, se aplicada de maneira correta, já que não há que se falar em ofensa à igualdade de partes no momento de realização do certame. Isso porque não se trata da possibilidade de ampliação de vínculo contratual, mas correção de anomalia que passa a existir no curso da execução do contrato, o que pode ocorrer em qualquer contrato de tal complexidade, em virtude da mutabilidade neles presente.

Por ser forma de atingir direito constitucional da concessionária, a extensão de prazo dispensa previsão em contrato ou instrumento convocatório e, quando nesses constar proibição à prorrogação, deve ser analisado o sentido dado ao termo no caso em questão. Existe um consenso sobre o uso do termo prorrogação para toda e qualquer espécie de dilação de prazo, mas isso não pode significar sua interpretação livre.

Quando a proibição à prorrogação não for acompanhada de qualquer explicação que a especifique como extensão de prazo, tem-se que o contrato se refere à prorrogação em sentido estrito. Mas, quando, ao citar a prorrogação, o contrato é explícito em nela incluir a prorrogação cuja finalidade seja a recomposição do equilíbrio econômico-financeiro, não há que se discutir sobre a aplicação da vedação.

Relativamente à coexistência dos institutos – prorrogação em sentido estrito e extensão de prazo –, entendemos ser justa a autonomia entre os institutos, podendo haver extensão mesmo após a ocorrência de única prorrogação permitida pelo contrato, e assim também o contrário. Isso quando a prorrogação for prevista em contrato de maneira genérica, sem especificar a inclusão da extensão de prazo no termo, referindo-se à prorrogação em sentido estrito, como visto na hipótese de proibição de prorrogação.

E, por fim, no que diz respeito à natureza dos eventos causadores do desequilíbrio do contrato, é importante que a Administração, na figura de Poder Concedente, avalie caso a caso. Porém, alguns parâmetros podem ser utilizados na decisão. Por exemplo, o estágio de execução do contrato.

Estando o contrato mais próximo de seu término, as opções de forma de recomposição, disponíveis ao Poder Concedente, podem ficar limitadas. Até mesmo as combinações de mais de uma forma de recomposição do equilíbrio econômico-financeiro podem restar prejudicadas. Se o investimento for de alto custo, pode não ser o caso de exoneração de outras obrigações, visto que a maioria deve ter sido cumprida; ou renegociação de cronograma, uma vez que este já se encontra próximo de seu fim.

O aumento de tarifa também pode se fazer inviável, pelo curto período de diluição, restando como opção ao Poder Concedente apenas a indenização, que oneraria o erário e difundiria o custo por todos, não apenas usuários, e a extensão de prazo, ainda que longa, do contrato, o que pode torná-la também inadequada. Restarão, geralmente, apenas formas indenizatórias de compensação, que podem prejudicar o erário e infringir os limites orçamentários pré-estabelecidos.

Outro parâmetro que pode ser analisado na discricionariedade de realizar a alteração unilateral do contrato é o montante a ser reequilibrado. Conforme mencionado, em situações como essas, ou similares, a extensão pode ser a forma mais razoável de recomposição. Porém, quando o montante devido à concessionária se mostrar vultoso, a extensão se assemelhará a uma prorrogação no que diz respeito ao tempo. Dessa forma, poderia ser considerada afronta à licitação a extensão que não se configure como aumento de prazo consideravelmente menor que o prazo inicial.

Nesse aspecto, se faz importante analisar os limites à extensão de prazo dos contratos. Mesmo que reparadora, com finalidade de sanar incongruências contratuais, não pode ser utilizada sucessivamente, ignorando a obrigatoriedade de licitação para prestação de serviços públicos.

A lei n. 8.987/1995 não prevê limites à extensão de prazo. Leis setoriais e específicas o fazem. Algumas vezes especificando o tipo de prorrogação; outras, não.

Iminentes juristas consideram que, nesses casos, estariam as leis se referindo à prorrogação em sentido estrito, por não haver inclusive especificação a respeito da finalidade da prorrogação tratada.

Além disso, por ser uma reparação de desequilíbrio contratual, que sequer exige previsão no contrato ou instrumento convocatório, não poderia ser abarcada por tais limitações, em tese.

Contudo, em alguns casos, diplomas legais como a Lei n. 11.079/2004 e o Decreto n. 8.033/2013, tem-se a vedação e limitação destinadas ao prazo máximo de vigência contratual, sendo a prorrogação – ou extensão – secundárias nos ditames legais.

Fica evidente, nesses casos, a intenção do legislador em oferecer um limite de vigência, que passa a ser considerado nos procedimentos licitatórios. Nessas hipóteses, a extensão deve se limitar à previsão legal, evitando que a isonomia do certame que antecedeu o contrato seja violada.

Diferente hipótese se dá quando a vedação é genérica e não diretamente relacionada ao prazo, mas à prorrogação em si, sem especificá-la. Nessa conjuntura, entende-se a disposição legal ou contratual referir-se à prorrogação em sentido estrito, por interesse público, vedando a prerrogativa discricionária do Poder Concedente.

Nesses casos, no procedimento licitatório constará a vedação à prerrogativa de prorrogar da Administração Pública, não a limitação de prazo, incluindo a prorrogação. Entende-se, assim, que a realização de extensão de prazo como forma de recomposição em nada viola o princípio licitatório, ainda que o contrato limite ou vede prorrogação; afinal, sua intenção teria sido atingir a prorrogação em sentido estrito, apenas.

Dessa forma, apresenta-se a extensão de prazo como forma válida de restabelecimento do equilíbrio contratual, mas sujeita a certas limitações, ainda que doutrinárias, e à decisão da Administração, que considerará também as peculiaridades do caso concreto. Além disso, pode ser amparada pela análise técnica dos casos concretos, quando necessária, como tem feito o Tribunal de Contas da União.

Aplicação da alteração de prazo contratual

Colocadas as principais características de um e outro instituto, este breve capítulo se destina a dar ao leitor um fechamento das conclusões acerca da possibilidade de aplicação dos temas aqui tratados.

Retomemos algumas considerações.

O uso dos termos distintos para designar os institutos é meramente didático. Entendendo as imperfeições linguísticas, a definição de cada um deles se complementa com a nomeação distinta, garantindo que os interlocutores se certifiquem dos casos específicos aqui tratados a partir dessa diferenciação[203].

A Constituição Federal, a Lei de Concessões e outros instrumentos normativos e contratuais utilizam-se do termo prorrogação quando regulam as concessões de serviços públicos.

Porém, analisando as circunstâncias em que o fazem, percebemos que o termo pode ter mais de uma acepção. Em determinados momentos se refere ao aumento de prazo de vigência dos contratos, por decisão da Administração Pública, no uso de suas prerrogativas, pois o interesse público por ela tutelado assim demanda.

Em outros, ainda, a prorrogação é tratada como forma de recomposição do equilíbrio econômico-financeiro dos contratos de concessão, quando se apresentar como forma mais vantajosa ao interesse público, dentre as demais, geralmente previstas no mesmo instrumento.

E, por fim, entendemos haver hipóteses em que os instrumentos normativos e contratuais denominam de prorrogação qualquer ampliação de prazo dos contratos, independentemente de sua natureza, abrangendo os dois conceitos anteriores.

---

203 GUILBOURG, Ricardo A; GHILIANI, Alejandro M; GUARINONI, Ricardo V. *Introdución al conocimiento científico.* Eudeba. Buenos Aires: 1998. p. 35.

A intenção deste estudo foi evidenciar essa questão e abordar alguns critérios que possam facilitar a interpretação dessas hipóteses, definindo o caminho a ser tomado, na busca pela melhor exegese da norma ou do contrato de concessão.

Não pretendemos aqui esgotar ou pacificar o assunto, muito menos inovar a ordem jurídica, mas sugerir semelhanças e diferenças entre os institutos, que possam ser úteis nessa definição da intenção legislativa ou administrativa, no momento de aplicação de um ou outro instituto.

Prorrogação em sentido estrito, por conveniência e oportunidade da Administração Pública, e alteração (nesse caso – de aumento –, extensão) de prazo com finalidade de recomposição do equilíbrio econômico-financeiro são espécies do gênero dilação de prazo contratual. Assemelham-se no efeito que produzem sobre os contratos: o aumento de prazo inicialmente estabelecido.

Porém, distinguem-se em sua natureza. Enquanto a primeira se destina a atender o interesse público de manutenção de um contrato vigente, a segunda tem natureza reparadora. Busca a compensação de uma perda indevida sofrida ao longo da execução contratual e é espécie do gênero formas possíveis de recomposição do equilíbrio contratual.

Portanto, entendemos que, apesar de muitas vezes tratadas como espécies de prorrogação, a natureza dos institutos se distingue. Consequentemente, suas condições e requisitos de aplicação também não coincidem, o que determina hipóteses e situações de aplicação de um ou outro instituto, também distintas.

O intuito deste estudo é analisar a constitucionalidade e situações passíveis de aplicação da extensão de prazo como forma de recomposição do equilíbrio econômico-financeiro. Ao longo das pesquisas, contudo, percebemos a proximidade doutrinária que se coloca ao instituto da prorrogação em sentido estrito, tornando impossível a análise isolada de cada um dos institutos, por ser natural a comparação entre eles.

Dessa forma, a maneira mais completa de analisar a extensão de prazo para recomposição contratual foi a partir da comparação com a prorrogação em sentido estrito. Por fim, foi possível estabelecer as hipóteses que comportam a extensão dos contratos de concessão e algumas de suas condições e requisitos, que serão demonstrados neste capítulo.

4.1. Prorrogação em sentido estrito e a alteração de prazo com finalidade de recomposição do equilíbrio econômico-financeiro: uma comparação final

Como demonstrado, muitas vezes a legislação e a doutrina tratam prorrogação em sentido estrito e extensão de prazo como semelhantes, ou similares. Apesar de o efeito de ambas ser o mesmo, não se pode caracterizá-las dessa forma, pois o regime jurídico se distingue e, consequentemente, as restrições, as condições e os requisitos de um instituto podem ser inadequados à aplicação do outro.

A seguir uma comparação sistematizada entre os institutos:

	PRORROGAÇÃO	EXTENSÃO
Natureza	Prerrogativa da Administração ao longo do exercício contratual.	Reparação de dano à equação econômico-financeira do contrato.
Finalidade	Atender às razões de conveniência e oportunidade da Administração Pública, assim como o interesse público privilegiado pela prestação de serviço.	Resolver um desequilíbrio contratual que tenha surgido ao longo da execução do contrato de concessão, garantindo à concessionária maior tempo de remuneração que compense seu prejuízo.
Fundamento Constitucional	É prevista expressamente na Constituição Federal, no artigo 175.	Não é prevista expressamente. Tem por fundamento o equilíbrio econômico-financeiro contratual, previsto no artigo 37, inciso XXI, da Constituição Federal.
Fundamento Legal	Lei de Concessões, n. 8.987/1995 e artigo 5º da Lei de PPP, n. 11.079/2004.	Não tem previsão legal específica, mas é encontrada em atos normativos setoriais e contratos de concessão.
Necessidade De Previsão Contratual	É imprescindível a previsão contratual para que possa ser realizada a prorrogação.	Não é necessária a previsão contratual, por se tratar de mecanismo de recomposição do equilíbrio econômico-financeiro, que é direito constitucionalmente garantido às partes.

	PRORROGAÇÃO	EXTENSÃO
Modicidade	Pode ou não agir sobre a modicidade tarifária, a depender das vantagens ao interesse público de dar continuidade ao contrato, nos termos em que foi inicialmente celebrado. Algumas condições contratuais, porém, podem ser alteradas no momento da celebração da prorrogação, em virtude de eventual exaurimento de investimentos inicialmente pactuados.	Prestigia o princípio da modicidade, na medida em que evita a recomposição do equilíbrio econômico-financeiro a partir da alteração tarifária prevista na Lei n. 8987/95, artigo 9º, e de certa forma considerada prioritária na escolha discricionária da forma de recomposição.
Licitação	Não fere o princípio da licitação, previsto na Constituição Federal como indispensável à execução de serviços públicos por particulares, pois, na licitação da concessão, já é pré-estabelecida na minuta contratual, conferindo os mesmos direitos e igualando conhecimento a todos os licitantes. Não ferindo a isonomia do certame, não há que se falar em violação ao dever de licitar.	Não fere o princípio da licitação apesar de acarretar aumento do prazo definido no momento da realização do certame, sem novo procedimento, pois somente ocorre após o contratante sofrer alguma frustração em seu equilíbrio econômico-financeiro. Como se trata de mecanismo de recomposição, e o aumento se dá na quantia exata da recomposição, não há que se falar em desrespeito à licitação. É forma de prorrogação reparadora de erro remanescente durante a execução contratual.

	PRORROGAÇÃO	EXTENSÃO
Momento de Concretização	Ao final do contrato, verificado o cumprimento dos requisitos, quando existentes, ou a adequada execução contratual, de acordo com o interesse público. A Lei n. 13.448/2017 introduziu a espécie de prorrogação antecipada, que admite concretização antes da finalização do contrato de acordo com seu termo, desde que sejam realizados investimentos adicionais. Inicialmente, esse modelo só é valido em investimentos federais, do Programa de Parcerias de Investimentos.	O ideal momento de concretização de qualquer forma de recomposição do equilíbrio econômico-financeiro do contrato de concessão de serviço público é o mesmo da ocorrência do desequilíbrio. No caso da extensão, os efeitos somente serão percebidos no futuro, mas, independentemente disso, é importante que seja quantificado e determinado o mais rápido possível, pois a concessionária sofre os efeitos dessa decisão ainda na execução do contrato, como valorização de suas ações, mais tempo para requerimento de investimentos etc.

	PRORROGAÇÃO	EXTENSÃO
Natureza do Desequilíbrio e Relação Com a Execução do Contrato	A prorrogação do contrato somente se concretiza quando, atendendo a requisitos específicos e previsão contratual, o Poder Concedente, no exercício de seu poder discricionário, decide, por razões de conveniência e oportunidade, manter a prestação do serviço concedido em mãos da então concessionária.	Na determinação da extensão de prazo, é importante considerar o motivo que provocou ou pretende provocar o desequilíbrio contratual (alteração unilateral, fato do príncipe, fato da Administração etc.). Assim como o momento de execução contratual importa, no caso de contrato próximo de seu termo final, entendemos somente ser possível a determinação da extensão de prazo como forma de recomposição do equilíbrio econômico-financeiro por desequilíbrios passados, ainda não compensados, ou alterações genéricas inevitáveis, como fato do príncipe e situações imprevistas. Entendemos que, a partir de certo ponto, e a partir de certo prazo necessário à recomposição, seria, sim, afronta ao princípio licitatório a inserção de novos investimentos no contrato de concessão (ou alteração unilateral), sendo a extensão adotada como forma de recomposição do equilíbrio contratual.

	PRORROGAÇÃO	EXTENSÃO
Limites	A lei não determina limites à prorrogação ou à duração dos contratos. Porém, sua aplicação indiscriminada pode levar a um desrespeito ao princípio licitatório já mencionado. Nesse caso, entendemos por limite, quando o edital e contrato se omitirem, o mesmo prazo original do contrato, apenas uma vez.	A lei não determina limite à extensão de prazo. Inicialmente entendemos que o limite seria o tempo necessário à devida compensação do equilíbrio econômico-financeiro. Desde que menor que o prazo do contrato original. Caso contrário, desnatura-se a condição reparadora da extensão de prazo. No caso de previsões contratuais que estabeleçam limites, cada caso deve ser analisado de acordo com sua particularidade. Havendo determinação expressa do contrato a respeito de prorrogação para fins de reequilíbrio, que qualificaria uma extensão, entende-se que o respeito ao limite é inquestionável (aeroportos). No caso de a vedação ou estipulação de limite não especificar a forma de prorrogação a que diz respeito, entendemos que, geralmente, alude este à prorrogação em sentido estrito, não cabendo afetar a extensão de prazo. O importante, nesse caso, é analisar os ditames do ato normativo ou contratual. Quando referir-se a "prazo máximo" ou expressão equivalente, entendemos englobar esse limite a extensão de prazo.

	PRORROGAÇÃO	EXTENSÃO
Efeito Contrário	Não se aplica.	Não é a melhor solução, considerando que a Lei de Concessões, n. 8.987/1995, estabelece as possibilidades de redução de prazo de forma bastante restritiva, mediante lei ou decreto. O que não seria o caso na recomposição do equilíbrio econômico-financeiro.

4.2. Condições de validade da aplicação da alteração de prazo como forma de recomposição do equilíbrio econômico financeiro

Colocadas as principais diferenças entre prorrogação em sentido estrito e extensão, passaremos a sugerir, a partir das pesquisas realizadas, condições que permitam aos intérpretes a definição de ocasiões em que a alteração pode ser implementada.

Primeiramente, de forma geral, estabeleceremos condições de aplicação de qualquer forma de reequilíbrio para, posteriormente, definir as que especificamente tratam da extensão de prazo.

4.2.1. Condições gerais

Como a alteração de prazo é uma das formas de recomposição do equilíbrio econômico-financeiro dos contratos, a ela cabem todas as condições de aplicação de qualquer outra forma de recomposição.

Primeiramente, é necessário que se caracterize, de fato, um desequilíbrio contratual, pois, não devem as partes responder por prejuízo que resulte de simples risco do negócio. Como analisado anteriormente, não pode o contratado ter benefícios na contratação com a Administração maiores que aqueles que teria se a contratação se desse com outro particular.

Além disso, o fato que determinou o rompimento do equilíbrio não pode configurar *álea ordinária*, pois essa já fora prevista na matriz contratual como risco de uma das partes e a ela cabe a responsabilidade por sua ocorrência[204].

[204] DI PIETRO, Maria Sylvia Zanella. *Direito administrativo*. 31ª ed. Forense. São Paulo: 2018. p. 313.

Depois de configurado o desequilíbrio, este deve ser quantificado e as possibilidades de recomposição analisadas de acordo com o momento contratual.

Posteriormente, caberá ao Poder Concedente definir a melhor forma de recomposição para o caso concreto. Nessa decisão deverá sopesar princípios constitucionais que orientam a ação da Administração Pública, como eficiência, razoabilidade, proporcionalidade, licitação e modicidade tarifária. Além disso, seu ato discricionário deverá ser motivado, como todo ato administrativo[205].

Segundo Floriano de Azevedo Marques Neto:

> A aferição do desequilíbrio em uma concessão na modalidade ora enfocada envolve quatro momentos, a saber: (i) a constatação de ocorrência de um evento com o condão de afetar o equilíbrio inicial; (ii) a verificação quanto à responsabilidade, à luz das disposições contratuais, pelo risco associado ao evento ocorrido; (iii) a avaliação do impacto do evento, tomando como parâmetro o critério de apuração do equilíbrio e (iv) a escolha da medida mais adequada e eficiente para recompô-lo[206].

Uma vez escolhida a alteração de prazo, as condições específicas do caso devem ser analisadas.

4.2.2. Condições específicas

As condições aqui analisadas são fruto de compilações deste mesmo estudo, apenas sintetizadas para melhor entendimento quanto ao regime jurídico aplicável.

4.2.2.1. Previsão legal e contratual

A alteração de prazo é forma de recomposição do equilíbrio econômico-financeiro dos contratos de concessão. Ou seja, não requer previsão legal ou contratual específica para ser aplicada. Tem por fundamento o direito à manutenção do equilíbrio econômico-financeiro previsto no artigo 37, inciso XXI, da Constituição Federal.

---

[205] MOREIRA, Egon Bockmann. *Direito das concessões de serviço público. Inteligência da Lei 8.987/1995*. Malheiros. São Paulo: 2010. p. 134.

[206] MARQUES NETO, Floriano de Azevedo. *Concessões*. Fórum. Belo Horizonte: 2015.p. 191.

É forma de compensação de prejuízo não previsto ao longo da execução contratual e encontra seu fundamento na própria existência do equilíbrio econômico-financeiro.

É comum, porém, que seja apresentada em atos normativos infralegais que regulam especificamente os setores.

4.2.2.2. Melhor solução

Como evidenciado anteriormente, uma das condições de aplicação da alteração de prazo como forma de reequilíbrio é ser essa a melhor solução encontrada pela Administração, a partir dos princípios que lhe regem a atuação, prestigiando o interesse público tutelado pela prestação do serviço[207].

4.2.2.3. Limites de incidência

No exercício de sua discricionariedade, o Poder Concedente deve analisar o caso concreto e suas particularidades.

Em determinadas hipóteses, a legislação federal, setorial ou mesmo atos normativos infralegais e instrumentos contratuais preveem limitações ou vedações à prorrogação, seja em sua concretização, seja no prazo que esta pode ampliar ao contrato.

Nesses casos, deve-se analisar a intenção do legislador ou administrador no momento e nas condições de redação da determinada limitação ou vedação.

Como já discorrido, a língua portuguesa, como outros idiomas, apresenta imprecisões e, em muitos casos, mais de um significado é atribuído à mesma palavra[208]. Nesse sentido, entendemos que a prorrogação em alguns casos, legislativos ou contratuais, pode ter mais de um significado pretendido.

Seguindo esse raciocínio, quando a limitação ou vedação se referir a qualquer tipo de prolongamento do contrato, entendemos não ser cabível a extensão de prazo como forma de recomposição contratual. Ou, o sendo, deve respeitar os limites impostos pelo ato. Deve, assim, o Poder Concedente

---

[207] BARROSO, Luís Roberto. *Alteração dos contratos de concessão rodoviária.* In: OLIVEIRA, Farlei Martins Riccio. *Direito administrativo Brasil – Argentina. Estudos em homenagem a Agustín Gordillo.* Del Rey. Belo Horizonte: 2007.

[208] GUILBOURG, Ricardo A; GHILIANI, Alejandro M; GUARINONI, Ricardo V. *Introdución al conocimiento científico.* Eudeba. Buenos Aires: 1998. p. 35.

definir, discricionariamente, outra forma de reequilibrar esse contrato, dentre as demais elencadas pela doutrina. Seria, por exemplo, o caso da Lei de PPP, n. 11.079/2004[209].

Entendemos que os casos que devem ser considerados dessa forma, sendo a limitação ou vedação direcionada a qualquer tipo de aumento de prazo contratual, são aqueles em que o instrumento normativo ou contratual se refere não necessariamente à prorrogação como característica essencial de sua disposição. Mas nos casos em que a preocupação do legislador ou administrador se mostra maior com o prazo e a duração do contrato do que com o instrumento de prolongamento.

Por exemplo, no caso da Lei de PPP, e do Decreto n. 8.033/2013, que regulamenta o setor portuário, no qual consta a expressão "prazo máximo", percebe-se a intenção de ressaltar a vigência do contrato, não a possibilidade ou não de ampliação desse prazo.

Assim entendemos, pois, o principal questionamento acerca da possibilidade ou não de prorrogação em sentido estrito e extensão de prazo para reequilíbrio é o desrespeito ao princípio constitucional da licitação e a carga de isonomia entre os licitantes que carrega[210].

Quando o instrumento convocatório da concessão, o contrato ou a lei setorial disciplina a vigência dos contratos, tem-se um certame licitatório cuja projeção de duração do contrato é considerada. Por isso, para manter a isonomia entre os licitantes, a futura concessionária não pode ter seu contrato dilatado para além do referido prazo, seja qual for a natureza dessa dilatação.

Quando, porém, a limitação ou vedação diz respeito, especificamente à prorrogação, sem definir quaisquer condições ou especificidades, simplesmente por não ser admissível a prorrogação, entendemos haver um direcionamento à Administração Pública, limitando ou vedando-lhe a prerrogativa discricionária de manutenção da concessionária na prestação de serviços.

Nesses casos, entendemos que os licitantes considerarão, quando da realização do certame, que não prorrogará o Poder Concedente o contrato em tela, sendo esse vigente apenas nas condições de seu prazo original. Porém, entendemos que não há limitação ou vedação à extensão de prazo para fins de reequilíbrio econômico-financeiro.

---

209 MARQUES NETO, Floriano de Azevedo. *Concessões*. Fórum. Belo Horizonte: 2016. p. 211.

210 SILVA, José Afonso da. *Curso de direito constitucional positivo,* 41ª ed. Malheiros. São Paulo: 2018. p. 683.

Uma vez limitada ou vedada a prerrogativa de prorrogação do contrato, entendemos considerarem os licitantes apenas aquela por conveniência e oportunidade, cuja decisão á da própria Administração, não o aumento de prazo cuja finalidade é a recomposição de um prejuízo e uma situação de desequilíbrio da concessionária sobre a qual mereça ressarcimento.

Portanto, nessas condições, a extensão ou redução do prazo se faz cabível, livre das limitações normativas ou contratuais, e fundamentada no direito à recomposição do equilíbrio econômico-financeiro das partes, previsto na Constituição Federal, na Lei de Concessões e na Lei de PPP.

4.3. Requisitos de aplicação da alteração de prazo

Colocadas as condições de aplicação, cuja não verificação implica impossibilidade de alterar o prazo contratual, ainda que com a finalidade de recomposição do equilíbrio econômico-financeiro, passaremos aos requisitos de aplicação desse instituto.

Os requisitos condicionam a maneira como deve ser utilizada a alteração de prazo como forma de recomposição quando for essa a escolha discricionária do Poder Concedente na solução do desequilíbrio.

4.3.1. Compensar o desequilíbrio

A extensão de prazo dos contratos de concessão tem natureza reparadora. Buscam sanar um prejuízo não devido na execução do contrato de concessão[211].

Em virtude de sua natureza, admite-se que provoque o aumento do prazo contratual originalmente estabelecido na medida do desequilíbrio provocado.

Isto é, uma vez calculado o montante do prejuízo da parte afetada, calcula-se também o tempo necessário de remuneração que a esse equivale. Assim, tem-se o aumento exato que deve incidir sobre o contrato original.

---

211 VERAS, Rafael; RIBEIRO, Leonardo Coelho. *O prazo como elemento da economia contratual das concessões: as espécies de "prorrogação"*. In: MOREIRA, Egon Bockmann (Org.). *Contratos administrativos, equilíbrio econômico-financeiro e a taxa interna de retorno. A lógica das concessões e Parcerias Público-Privadas*. Fórum. Belo Horizonte: 2017. p. 297.

Qualquer alteração além ou aquém do necessário à recomposição fere o princípio constitucional da licitação, o dever de boa-fé e a execução do contrato, pois, o instrumento utilizado (alteração de prazo) estaria desnaturado.

Segundo Cintra do Amaral:

> Note-se que se o poder concedente optar pela prorrogação do prazo da concessão [extensão, segundo o sentido utilizado] deverá limitá-la ao estritamente necessário ao reequilíbrio, ou reduzindo, em comum acordo com a concessionária, a tarifa praticada, ou mantendo-a[212].

Percebemos, também, na citação do autor, sua preocupação com eventual redução de tarifa durante o período ampliado do contrato, para garantir que essa ampliação se dê nos limites exatos da necessidade de recomposição.

4.3.2. Momento de concretização da recomposição

Apesar de a extensão de prazo ser uma forma de recomposição cujos efeitos são percebidos apenas ao final da execução contratual, é importante que sua delimitação seja realizada no momento da denúncia do desequilíbrio causado ao contrato de concessão. Assim prevê a Lei de Concessões, n. 8.987/1995, em relação às alterações unilaterais[213].

Entendemos que, uma vez notificado o desequilíbrio, a forma e o montante a ser reequilibrado devem ser definidos o mais rápido possível. Mesmo que os efeitos se prolonguem, uma vez que a concessionária tenha ciência de seu prazo ampliado, poderá fazer previsões a partir da duração total de seu contrato[214].

Essa decisão, portanto, afeta a obtenção de financiamentos, o desempenho da concessão, a valorização da concessionária, entre outras condições. Por essa razão, é importante que seja imediata, se possível.

Além disso, é relevante também o momento contratual na definição da recomposição. É possível que, se realizado muito no início do contrato, não resolva os prejuízos causados de imediato, prejudicando os investimentos iniciais que carecem de receita.

---

212 AMARAL, Antônio Carlos Cintra do. *Concessão de serviços públicos: novas tendências*. Quartier Latin. São Paulo: 2012. p. 29.

213 Artigo 9º, § 4º.

214 MOREIRA, Egon Bockmann. *Direito das concessões de serviço público. Inteligência da Lei 8.987/1995*. Malheiros. São Paulo: 2010, p. 374.

4.3.3. Natureza do evento que provoca o desequilíbrio em face das condições contratuais

Como mencionado anteriormente, o momento contratual e a natureza do evento causador do desequilíbrio têm estrita relação entre si.

No caso de alterações unilaterais, deve o Poder Concedente avaliar o momento e as condições contratuais, considerando justamente a possibilidade e validade de recomposição do equilíbrio econômico-financeiro de que poderá, eventualmente, dispor.

Quando a única forma de restabelecimento do equilíbrio contratual possível for a extensão de prazo, a alteração deve ser realizada com cautela, observando o montante a ser desequilibrado e as particularidades do caso e da necessidade de alteração.

Isso porque, estando as opções do Poder Concedente limitadas, é possível que fira o Poder Concedente o princípio licitatório ao determinar a alteração, principalmente no caso de extensão de prazo como forma de recomposição.

Já na hipótese de desequilíbrio por *fato do príncipe* ou *álea econômica*, não há que se falar em ponderação a respeito da necessidade de provocar o desequilíbrio contratual. Isso porque são fatores que não se direcionam diretamente ao contrato e podem ocorrer de forma além das expectativas das partes.

Nessas situações, é importante a tentativa de combinar mais de uma forma de recomposição, quando a alteração de prazo se mostrar exagerada.

4.4. Conclusões parciais

Ao longo deste estudo, muitas das particularidades da alteração de prazo contratual com finalidade de recomposição do equilíbrio econômico-financeiro dos contratos de concessão foram analisadas.

Assim também o fizemos, ainda que não com a mesma profundidade, com a prorrogação de prazo – aqui estipulada como prorrogação em sentido estrito – nos mesmos contratos.

Demonstramos que, embora se assemelhem em seus efeitos, a natureza dessas duas formas de ampliação do prazo original dos contratos se distingue.

Essa diferença é refletida na aplicação e nas particularidades de cada um dos institutos. Por isso, embora não seja imprescindível a distinção terminológica entre os termos, é importante que a natureza e finalidade de cada um se façam claras o suficiente para que o intérprete possa não apenas definir a possibilidade de aplicação de um ou outro instituto, mas também as consequências de sua aplicação.

Este capítulo não teve por objetivo a definição de um regime jurídico de aplicação da alteração de prazo como forma de recomposição contratual. Apenas se pretendeu a compilação de conclusões obtidas ao longo deste estudo, que facilitassem a interpretação do termo prorrogação, quando este se referir também à extensão de prazo contratual.

Além disso, outro objetivo foi a definição, a partir de estudos, de consequências, condições e requisitos de aplicação da alteração de prazo, comparando às hipóteses e condições de aplicação da prorrogação em sentido estrito.

Contudo, a legislação, de maneira proposital ou não, ainda não traz muitos detalhes acerca da alteração de prazo, assim como não o faz sobre as demais formas de recomposição.

Nos atos normativos mais recentes, percebemos uma preocupação com a limitação de prazo, como no caso do Decreto n. 8.033/2013, que regula o setor portuário, a Lei federal n. 11.079/2004, que rege as Parcerias Público-Privadas, e Resoluções mais recentes da ANTT, ARTESP, e outras agências reguladoras.

Percebe-se um movimento no sentido de melhor regulamentar essa questão, porém, ainda discreto. Nesse sentido, buscamos sugerir algumas hipóteses a serem consideradas pelo interprete e aplicador do direito, neste capítulo.

Conclusão

Os contratos de concessão são contratos complexos. Envolvem uma multiplicidade de interesses e um longo período de execução. Por tais razões, a mutabilidade se mostra como característica essencial de sua composição.

O objetivo da Administração Pública, na celebração de um contrato de concessão, geralmente, é a prestação adequada do serviço por um particular, que não demande investimento do Estado, pelo menos nos casos de concessão comum, regidos pela Lei n. 8.987/1995, atendendo ao respectivo interesse público envolvido. Os objetivos da particular concessionária, em um contrato de concessão, são a exploração e prestação do serviço e a remuneração que lhe será paga pelo usuário do serviço. Afinal, sua natureza privada assim demanda.

Porém, em virtude da longa duração desses contratos, o interesse público que rege a prestação de serviço em questão, sujeito às condições sociais, econômicas e políticas, pode sofrer alterações. Assim como as condições socioeconômicas do momento da celebração contratual.

Em razão dessa alteração do interesse público, ou até mesmo pela ocorrência de situações imprevisíveis, ou previsíveis, mas de consequências incalculáveis, pode a Administração, por prerrogativa própria, conferida pela Lei n. 8.987/1995, determinar certa alteração no contrato, já em curso, desde que (i) não altere seu escopo principal e (ii) garanta à concessionária, que deverá realizar a alteração, a manutenção de seu direito ao equilíbrio econômico-financeiro do contrato.

A garantia do equilíbrio econômico-financeiro dos contratos, prevista na Constituição Federal em seu artigo 37, inciso XXI, deriva da teoria da imprevisão, também aplicada no direito civil. Essa por sua vez, deriva da teoria da imprevisão francesa, definida em 1908, pelo Conselho de Estado Francês, no emblemático aresto da Companhia de Gás de Bourdeaux[215],

215 JÈZE, Gaston. *Les contrats administratifs*. Paris: 1927. p. 67.

que foi impossibilitada de manter as condições de execução do contrato, em virtude da eclosão da Primeira Guerra Mundial.

No Brasil, o equilíbrio econômico-financeiro dos contratos está consolidado também na legislação infraconstitucional, havendo sido incorporado aos contratos de concessão, principalmente aqueles celebrados após os anos 1990. Este se caracteriza pela proporção entre obrigações e receitas das partes, por elas definidas, no momento da celebração do contrato, consolidando a chamada equação econômico-financeira.

Conforme explicado, algumas situações demandam alteração contratual. Mas a garantia ao equilíbrio assegura, justamente, que, quando houver modificação de uma parte da equação, como as obrigações, a outra deve ser alterada, na mesma proporção, como as receitas, garantindo a igualdade anteriormente expressa e que deve ser preservada.

Rompido o equilíbrio, por qualquer das razões mencionadas, caberá às partes a sua recomposição. Neste estudo, tratamos principalmente do desequilíbrio causado à concessionária, que costuma ser comum, em virtude da prerrogativa de alteração unilateral do Poder Concedente. No entanto, é plenamente possível que o desequilíbrio se dê em desfavor do Poder Concedente, como, por exemplo, no caso em que é retirada a cobrança de tributos sobre o serviço. Assim, seria possível falar em formas de reequilíbrio "reverso".

A Lei n. 8.987/1995 prestigia como forma de reequilíbrio a alteração de tarifa. Porém, entendemos que, mesmo havendo somente essa previsão legal, a decisão do Poder Concedente é discricionária em relação às formas de recomposição.

Inclusive, em determinadas situações, a alteração na tarifa não se faz suficiente ou adequada, quando, por exemplo, conflita com o princípio da modicidade tarifária, previsto na mesma lei, e com o interesse do usuário do serviço.

Além disso, em certas ocasiões, a elevação da tarifa a montantes muito maiores que os anteriores pode provocar uma queda de demanda que impeça o reequilíbrio do contrato. Isso porque, apesar de a concessionária passar a receber maior remuneração por usuário, passa a ter menos usuários, tornando totalmente ineficaz a medida.

Apesar de a legislação ter em seu bojo apenas a alteração de tarifa como forma de recomposição, atos normativos setoriais e infralegais, bem como os contratos de concessão, trazem outras formas de recomposição do equilíbrio econômico-financeiro dos contratos. Entre elas a renegociação do cronograma de investimentos, a indenização do Poder Concedente à concessionária, a redução de contraprestações ao Estado e a alteração de prazo do contrato, forma específica que foi objeto deste estudo.

A alteração de prazo como forma de recomposição, neste estudo centrada na extensão de prazo, parece ser pacificamente admitida na doutrina e nos contratos. No Estado de São Paulo, por exemplo, todas as concessões rodoviárias admitem esse mecanismo de recomposição. Mas, o que parece pacífico merece ter suas características e consequências melhor analisadas, principalmente no que diz respeito à interpretação e à aplicação nos contratos de concessão vigentes.

O primeiro ponto analisado neste estudo foi a natureza linguística do termo prorrogação. Pudemos perceber que sua utilização nem sempre tem um único significado semântico.

Em determinados momentos, o uso do termo prorrogação é feito de forma genérica, referindo-se a todo e qualquer caso de dilação de prazo contratual. Em outros, porém, é feito de forma específica, significando a prorrogação em sentido estrito, ou seja, aquela destinada a ampliar o prazo de exploração do serviço, a partir de juízo de conveniência e oportunidade das partes. Em outras, ainda, significa apenas prorrogação com sentido de restabelecimento do equilíbrio econômico-financeiro dos contratos – extensão, no sentido adotado neste estudo.

Portanto, em vários desses momentos, é difícil a tarefa de identificar o sentido em que a expressão prorrogação quer designar qualquer dilação de prazo ou apenas prorrogação em sentido estrito.

Sobre a prorrogação em sentido estrito, concluímos ser necessário expressa previsão em instrumento contratual, além de autorização legal, no caso de contrato setorial regulado.

Além disso, nas situações em que o contrato sequer menciona a possibilidade de prorrogação dos contratos, entendemos se tratar de um silêncio eloquente por parte do contrato e que, em virtude do princípio da legalidade estrita, que rege o direito público, não poderia a Administração ignorá-lo, determinando a prorrogação do contrato.

Na hipótese de estabelecimento de condições, estas somente serão suficientes para caracterização de direito subjetivo da concessionária à prorrogação quando claras e detalhadas o suficiente para tanto, o que só pode ser analisado casuisticamente pela Administração.

Ainda assim, caso sejam alteradas as circunstâncias que levaram ao estabelecimento das condições, poderá o Poder Concedente valer-se de sua prerrogativa de alteração unilateral do contrato, impedindo que seja realizada a prorrogação, mesmo que, para tanto, deva recompor o equilíbrio econômico-financeiro contratual.

Prorrogação em sentido estrito e extensão de prazo não se confundem. Apesar disso, quando prevista em contrato a prorrogação em sentido estrito, é possível que, mediante novo pacto obrigacional, as partes "se aproveitem" do instituto para compensar eventual desequilíbrio. Isso porque as possibilidades de ganho da concessionária são maiores, a considerar a probabilidade de os investimentos serem menores que os da contratação original e as condições repactuadas.

Sobre a extensão de prazo propriamente dita, tratada no terceiro capítulo deste estudo, concluímos não haver necessidade de previsão contratual, visto que é mero instrumento de concretização do direito da concessionária ao reequilíbrio do seu contrato.

Além disso, a extensão de prazo, em detrimento das demais formas de recomposição do equilíbrio econômico-financeiro contratual, pode se mostrar relevante por garantir a preservação da modicidade tarifária, evitando a alteração demasiada de tarifa, sem conflitar com o princípio licitatório, quando aplicada nos limites legais, proporcionais e razoáveis.

A extensão de prazo se apresenta como perfeitamente aplicável, em consonância com o regime jurídico brasileiro. Essa, porém, não pode ser indiscriminada.

O momento de execução do contrato é relevante em situações em que o desequilíbrio seja causado pela alteração unilateral das obrigações contratuais, a partir da determinação de realização de novos investimentos, não previstos em contrato. Quando o contrato não dispuser de outras formas de recomposição, em virtude da proximidade de seu termo, deve a Administração Pública considerar o prazo a ser estendido e decidir se é realmente necessária a alteração que pretende sobre o contrato. Dessa forma, busca-se evitar extensões que desnaturem seu próprio caráter de recomposição por se aproximarem do prazo original, ou mais da metade dele.

Nesses casos, é preferível que o Poder Concedente pondere os interesses envolvidos, e considere aguardar o término do contrato para realização de novo certame licitatório para nova outorga.

Ainda quando admitida, de forma irrestrita, a extensão de prazo, no que diz respeito a seu conteúdo, não pode ser executada independentemente de qualquer limitação, pois, aí sim, haveria desrespeito do princípio licitatório inscrito na Carta Magna.

Quanto às limitações de prorrogar previstas em contratos e atos normativos, entendemos que devem ser analisadas caso a caso. Independentemente do instrumento normativo ou contratual, entendemos que a definição da incidência dos limites sobre a extensão de prazo, que estaria englobada no conceito geral de prorrogação, deve se dar a partir da forma como dispõe o diploma.

O principal risco oferecido pela extensão do contrato, ainda que com a finalidade de recomposição do equilíbrio contratual, é a ofensa ao princípio licitatório e ao princípio da isonomia que a este acompanha. Sendo assim, esse risco deve ser minimizado pela interpretação e aplicação do instituto.

Na hipótese de os instrumentos – normativos ou contratuais – apresentarem qualquer forma de limitação da duração dos contratos de concessão, sendo essa centrada no período de vigência contratual, especificamente, acreditamos que a intenção do ato normativo ou contratual seja realmente limitar a duração do contrato.

Ou seja, nas hipóteses em que o ato normativo ou o contrato dispuser que a duração contratual máxima será "x", nela inclusas eventuais prorrogações, entendemos que o que se busca limitar é o período de vigência. Nesse sentido, entendemos a limitação versar sobre toda e qualquer ampliação de prazo contratual, a extensão inclusive. Assim o faz a Lei de PPP, por exemplo, e, nessas situações, caberá ao Poder Concedente, observando o limite, atentar-se aos possíveis desequilíbrios causados e, quando necessário, fazer a escolha de outro meio de recomposição contratual.

Nos casos, porém, em que essa limitação – seja normativa ou contratual – se refira especificamente à impossibilidade ou restrição em prorrogar, não tendo por objetivo principal a vedação quanto ao período de vigência, entendemos que, nessa hipótese, a intenção do legislador ou administrador seria vetar ou limitar a prorrogação em sentido estrito. Ou seja, quando o instrumento normativo ou contratual vetar a prorrogação, supõe-se que seu objetivo seria limitar a prerrogativa discricionária da Administração Pública em determinar o prolongamento desse contrato.

Nessas hipóteses, entendemos que a extensão de prazo não pode ser abarcada pela limitação ou vedação. Isso porque, no momento da realização do certame licitatório, os licitantes consideraram que a Administração não decidiria pela continuidade do contrato para além do originalmente previsto.

Porém, como não houve limitação expressa à vigência, não podem ter considerado os licitantes a data de término do contrato. Ademais, a extensão de prazo se apresenta como forma tão legítima quanto as demais na recomposição do equilíbrio contratual. Além disso, considerada a mutabilidade dos contratos de concessão, a recomposição de equilíbrio a ser rompido é perfeitamente previsível.

Porém, a legislação é ainda genérica e pouco detalhada sobre a extensão de prazo dos contratos de concessão e, não podendo essa ser aplicada de forma indiscriminada, alguma limitação deve se aplicar ao instituto, visto que não pode este permitir a extensão eterna de prazo contratual, que feriria a Constituição Federal e seu princípio licitatório, bem como a Lei de Concessões.

Além disso, deixar a aplicação de instituto de tamanha relevância aos critérios subjetivos do aplicador é pecar na garantia da segurança jurídica dos contratos de concessão, peças tão fundamentais no desenvolvimento do Estado brasileiro e sua economia.

Muito ainda pode ser feito para a devida regulamentação da extensão de prazo como meio de recomposição de equilíbrio econômico-financeiro contratual. Contudo, o mais importante é estabelecer as balizas de interpretação. Afinal, o direito jamais conseguirá prever todas as possibilidades de alteração na realidade que podem ocorrer ao longo da execução de tais contratos, considerando sua complexidade e duração.

Bibliografia

AMARAL, Antônio Carlos Cintra do. *Concessão de serviços públicos: novas tendências.* Quartier Latin. São Paulo: 2012.

ANDRADE, Letícia Queiroz de. *Teorias das relações jurídicas da prestação de serviço público sob regime de concessão.* Malheiros São Paulo: 2015.

ARRUDA CÂMARA, Jacintho. *Tarifa nas concessões.* Malheiros. São Paulo: 2009.

BANDEIRA DE MELLO, Celso Antônio (coord.). *Direito administrativo na constituição de 1988.* São Paulo: Revista dos tribunais, 1991.

BANDEIRA DE MELLO, Celso Antônio. *Curso de direito administrativo.* Malheiros. São Paulo: 2018.

___________ *Parecer quanto à prorrogação do prazo da concessão para fins de reequilíbrio econômico-financeiro.* In: CARVALHO. André Castro de (Org.). *Contratos de concessão de rodovias: artigos, decisões e pareceres jurídicos.* ABCR. MP Editora. São Paulo: 2009.

___________ *Serviço público e concessão de serviço público.* Malheiros. São Paulo: 2017.

BARROSO, Luís Roberto. *Alteração dos contratos de concessão rodoviária.* In: OLIVEIRA, Farlei Martins Riccio. *Direito administrativo Brasil – Argentina. Estudos em homenagem a Agustín Gordillo.* Del Rey. Belo Horizonte: 2007.

BRASIL. Constituição (1988). Constituição da República Federativa do Brasil. Texto constitucional promulgado em 05 de outubro de 1988. Disponível em: <http://www.planalto.gov.br/ccivil_03/constituicao/constituicao.htm>.

______. Lei n°. 8.666, de 21 de junho de 1993. Institui normas para licitações e contratos da Administração Pública. Diário Oficial [da] República

Federativa do Brasil, Brasília, DF, 22 jun. 1993. Disponível em: <http://www.planalto.gov.br/ccivil_03/Leis/l8666cons.htm>.

______. Lei nº 8.987, de 13 de fevereiro de 1995. Dispõe sobre o regime de concessão e permissão da prestação de serviços públicos previsto no art. 175 da Constituição Federal. Diário Oficial [da] República Federativa do Brasil, Brasília, DF, 14 fev. 1995. Disponível em: http://www.planalto.gov.br/ccivil_03/leis/l8987cons.htm

______. Lei nº 9.074, de 7 de julho de 1995. Estabelece normas para outorga e prorrogações das concessões e permissões de serviços públicos. Diário Oficial [da] República Federativa do Brasil, Brasília, DF, 08 jul. 1995. Disponível em: http://www.planalto.gov.br/ccivil_03/leis/L9074cons.htm

______. Lei nº 13.334, de 13 de setembro de 2016. Cria o Programa de Parcerias de Investimentos – PPI. Diário Oficial [da] República Federativa do Brasil, Brasília, DF, 13 set. 2016. Disponível em: <http://www.planalto.gov.br/ccivil_03/_ato2015-2018/2016/lei/L13334.htm>

______. Lei n° 13.448 de 5 de junho de 2017. Estabelece diretrizes gerais para prorrogação e relicitação dos contratos de parceria definidos nos termos da Lei n o 13.334, de 13 de setembro de 2016. Diário Oficial [da] República Federativa do Brasil, Brasília, DF, 06 jun. 2017. Disponível em: <http://www.planalto.gov.br/ccivil_03/_ato2015-2018/2017/lei/L13448.htm>

CAMPOS, Francisco. *Direito Administrativo.* Vol. I. Ed. Freitas Bastos, 1958.

CANTO, Mariana Dall'agnol; GUZELA, Rafaella Peçanha. *Prorrogações contratuais em contratos de concessão.* In: MOREIRA, Egon Bockmann (Org). *Contratos Administrativos, equilíbrio econômico-financeiro e a taxa interna de retorno.* A lógica das concessões e Parcerias Público-Privadas. Fórum. Belo Horizonte: 2017.

CARVALHO FILHO, José dos Santos. *Manual de Direito Administrativo.* 28ª edição. Atlas. São Paulo: 2015.

DI PIETRO, Maria Sylvia Zanella (org). *Temas polêmicos sobre licitações e contratos*. São Paulo: Malheiros editores, 2001.

_____________. *Direito administrativo.* 31ª ed. Atlas. São Paulo: 2018.

FREIRE, André Luiz. *O regime de direito público na prestação de serviços públicos por pessoas privadas.* Malheiros. São Paulo: 2014.

GASPARINI, Diógenes. *Direito Administrativo.* Ed. Saraiva, 1989.

GODOY, Daniel Gabrilli de. *Equilíbrio econômico-financeiro dos contratos de concessão*. Intelecto. São Paulo: 2018.

GONÇALVES, Pedro. *A concessão de serviços públicos*. Almedina. Coimbra: 1999.

___________. *O Contrato Administrativo. Uma instituição do direito administrativo do nosso tempo*. Almedina. Coimbra: 2003.

GROTTI, Dinorá Adelaide Musetti. *Teoria dos serviços públicos e sua transformação*. In: SUNDFELD. Carlos Ari (Org.). *Direito administrativo econômico*. Malheiros. São Paulo: 2000.

GUEDES, Jefferson Carús; NEIVA, Juliana Sahione Mayrink (coords.). *Concessão de rodovias: encontro jurídico sobre concessão de rodovias –* Brasília, 2011. São Paulo: Quartier Latin, 2012.

GUIMARÃES, Bernardo Strobel. *O prazo nas concessões e as normas que estipulam vigência máxima do vínculo: algumas inquietações*. In: MOREIRA, Egon Bockmann (Org). *Contratos Administrativos, equilíbrio econômico-financeiro e a taxa interna de retorno. A lógica das concessões e Parcerias Público-Privadas*. Fórum. Belo Horizonte: 2017.

GUIMARÃES, Fernando Vernalha. *Alteração unilateral do contrato administrativo (interpretação de dispositivos da lei 8.666/1993)*. São Paulo: Malheiros editores, 2003.

___________. *Concessão de serviço público*. São Paulo: Saraiva, 2014.

HARB, Karina Houat. *A revisão na concessão comum de serviço público*. São Paulo: Malheiros editores, 2012.

JÈZE, Gaston. *Les contrats administratifs*. Paris: 1927.

JUSTEN FILHO, Marçal, *Concessões de serviços públicos. Comentários às Leis nº 8.987 e 9.074, de 1995*. Dialética. São Paulo: 1997.

___________. *Teoria geral das concessões de serviço público*. Dialética. São Paulo: 2003.

___________. *Concessões de serviço público. A equação econômico-financeira dos contratos*. Verbatim. São Paulo: 2011.

MARQUES NETO, Floriano de Azevedo. *Concessões*. Ed. Fórum. Belo Horizonte: 2015.

MEDAUAR, Odete. *Direito administrativo moderno*. Revista dos tribunais. São Paulo: 2002.

MEIRELLES, Hely Lopes. *Direito administrativo brasileiro*. 22ª ed. Malheiros. São Paulo: 1997.

___________. *Estudos e pareceres de direito público*. Vol. III. Revista dos Tribunais. São Paulo: 1981.

___________. *Estudos e pareceres de direito público*. Vol. 10. Revista dos Tribunais. São Paulo: 1988.

___________. *Licitação e contrato administrativo*. 11ª ed. Malheiros São Paulo: 1996.

MELLO, Rafael Munhoz de. *Prorrogação de concessão de serviço público*. Revista de Direito Público da Economia – RDPE. Belo Horizonte, ano 12, n.46, abr/jun. 2014.

MONTEIRO, Vera. *Concessão*. Malheiros. São Paulo: 2010.

MOREIRA, Egon Bockmann. *Direito das concessões de serviço público. Inteligência da Lei 8.987/1995*. Malheiros. São Paulo: 2010.

MOREIRA NETO, Diogo de Figueiredo. *Curso de direito administrativo: parte introdutória, parte geral, parte especial*. 2ª ed. Forense. Rio de Janeiro: 2002.

OLIVEIRA, Ricardo Wagner Carvalho de. *Direito dos transportes ferroviários*. Lumen Juris. Rio de Janeiro: 2005.

PINTO, Gabriela Engler. *O caso da anulação dos aditivos de 2006 pela ARTESP: seria diferente à luz da nova Lei de Introdução às Normas do Direito Brasileiro?* Divulgado em portal eletrônico.

PRADO, Lucas Navarro. PINHEIRO, Luis Felipe Valerim. *O tempo nas concessões de infraestrutura: prazo de vigência e sua prorrogação*. In: MARCATO, Fernando S. PINTO Jr. Mário Engler. (coords) *Direito da Infraestrutura I,* SaraivaJur. São Paulo: 2017.

RIBEIRO, Maurício Portugal. *Concessões e PPPs: melhores práticas em licitações e contratos*. Atlas. São Paulo: 2011.

SANTOS, José Anacleto Adbuch. *Contratos de concessão de serviços públicos: equilíbrio econômico-financeiro*. 1. ed. (ano 2002). Jaruá. Curitiba: 2016.

SCHWIND, Rafael Wallbach. *Remuneração do concessionário: concessões comuns e parcerias público-privadas*. Fórum. Belo Horizonte: 2010.

SUNDFELD, Carlos Ari, ARRUDA CÂMARA, Jacintho. SOUZA, Rodrigo Pagani de. *Concessão de serviço público: limites, condições e consequências da ampliação dos encargos da concessionária*. In: OLIVEIRA, Farlei Martins Riccio. *Direito administrativo Brasil – Argentina. Estudos em homenagem a Agustín Gordillo*. Del Rey. Belo Horizonte: 2007.

SUNDFELD, Carlos Ari (Org.). *Contratações públicas e seu controle*. São Paulo: Malheiros editores, 2013.

______. *Pareceres. Direito administrativo contratual*. Vol II. Revista dos Tribunais. São Paulo: 2013.

______. *Pareceres. Licitação, processo administrativo, propriedade*. Vol III. Revista dos Tribunais. São Paulo: 2013.

______. *O direito à fruição* in natura *da concessão pública e sua exploração indireta abusiva*. In: WALD, Arnoldo; JUSTEN FILHO, Marçal; PEREIRA, Cesar Augusto Guimarães (Org.). *O direito administrativo na atualidade. Estudos em homenagem ao centenário de Hely Lopes Meirelles*. Malheiros, 2017.

TÁCITO, Caio. *Temas de Direito Público (Estudos e Pareceres)*. 1º Vol. Ed. Renovar. Rio de Janeiro:1997.

__________ *O Equilíbrio Financeiro na Concessão de Serviço Público*. Revista de Direito Administrativo, vol. 64. Rio de Janeiro: 1961.

__________. *Temas de Direito Público (Estudos e Pareceres)*. 2º Vol. Ed. Renovar. Rio de Janeiro: 1997.

__________. *Temas de Direito Público (Estudos e Pareceres)* 3º Vol. Ed. Renovar. Rio de Janeiro: 2002.

VÉRAS, Rafael. *As prorrogações e a relicitação de que tratam a Lei nº 13.448/2017: um novo regime jurídico de negociação para os contratos de concessão*. Revista Direito do Estado, n. 364, 2017.

VERAS, Rafael. RIBEIRO; Leonardo Coelho. *O prazo como elemento da economia contratual das concessões: as espécies de "prorrogação"*. In: MOREIRA, Egon Bockmann (Org.). *Contratos administrativos, equilíbrio econômico-financeiro e a taxa interna de retorno. A lógica das concessões e Parcerias Público-Privadas.* Fórum. Belo Horizonte: 2017.

WALD, Arnoldo. *Direito das Concessões*. Série Grandes Pareceristas. Vol.3. América Jurídica. Rio de Janeiro: 2004.

WALINE, Marcel. *Droit administratiff.* 9ª ed., Éditions Sirey. Paris: 1963.